Friedrich Georg von Bunge

Baltische Geschichtsstudien

Friedrich Georg von Bunge

Baltische Geschichtsstudien

ISBN/EAN: 9783743480995

Hergestellt in Europa, USA, Kanada, Australien, Japan

Cover: Foto ©ninafisch / pixelio.de

Manufactured and distributed by brebook publishing software
(www.brebook.com)

Friedrich Georg von Bunge

Baltische Geschichtsstudien

BALTISCHE
GESCHICHTSSTUDIEN.

Von

Dr. F. G. von Bunge.

Zweite Lieferung.

Der Orden der Schwertbrüder.

LEIPZIG,

Verlag von E. Bidder.

1875.

Der

Orden der Schwertbrüder.

· Dessen

Stiftuug, Verfassung und Auflösung.

Von

Dr. F. G. von Bunge.

Mit einer Abbildung des Ordenssiegels.

LEIPZIG.

Verlag von E. BIDDER.

1875.

Der

Orden der Schwertbrüder.

Dessen Stiftung, Verfassung und Auflösung.

Einleitung.

Den drei grossen geistlichen Ritterorden, welche die Kreuzzüge im Morgenlande in's Leben riefen, steht unter den Nach-
bildungen an Bedeutung zunächst der Livländische Orden der
Schwertbrüder. Dauerte seine Selbstständigkeit auch kaum
ein Menschenalter, so hat er doch in diesem kurzen Zeitraume mehr geleistet, als bis dahin eines seiner drei grossen
Vorbilder. Er eroberte und christianisirte ein Gebiet von
ungefähr 1600 Quadratmeilen, und gründete einen Staat,
welcher dreihundert und fünfzig Jahre, über die Grenzen des
Mittelalters hinaus, bestand. Seine mehr in's Auge fallenden
äussern Thaten sind daher von Zeitgenossen, wie von
der Nachwelt, vielfach geschildert und beleuchtet worden;
über seine innern Verhältnisse dagegen, seine Verfassung, ja selbst seine Stiftung, herrscht noch manches Dunkel;
in den Geschichtsquellen finden sich in Beziehung darauf
nur zerstreute Andeutungen, und bei den Geschichtsschreibern
manche Erdichtungen und nicht wenige Widersprüche. In jenes
Dunkel einiges Licht zu bringen, die erdichteten Fabeln zu
widerlegen und zu beseitigen, die Widersprüche möglichst zu
lösen, ist der Zweck der nachstehenden Erörterung. Von ihr
ist mithin alles ausgeschlossen, was zur äussern Geschichte
des Ordens gehört. Letztere ist nicht nur in den älteren und
neueren Werken über die Geschichte Livlands zur Genüge behandelt worden, sondern auch in Monographien, welche freilich
Manches zu wünschen übrig lassen.

1 *

Zu den letztern gehört:

1) Conr. Sam. Schurzfleisch (resp. Audrea Hornung, Revalia-Livono), Diss. de ordine, qui dicitur ensiferorum. Vittenbergae 1685. 4. Im Geiste der damaligen Zeit: in einer Masse nicht zur Sache gehörigen gelehrten Materials ein winziger, bedeutungsloser Kern.

2) Henr. Leonh. Schurzfleisch, Historia ensiferorum, ordinis Teutonici Livonorum. Vitembergae, 1701. 8. Eine sehr oberflächlich gehaltene Geschichte der Thaten nicht nur der Meister des Ordens der Schwertbrüder, sondern auch der Livländischen Meister Deutschen Ordens.

3) Henr. Aug. Georg. de Pott, Commentatio philos.-historica de gladiferis seu de fratribus militiae Christi in Livonia. Erlangae 1806. 8. Die erste, kleinere Hälfte des Schriftchens befasst sich mit Livlands Geschichte vor der Stiftung des Ordens, der zweiten fehlt es ebensowenig an Quellen- und Literatur-Citaten, als an groben Missverständnissen, Anachronismen und andern Verstössen, abgesehen von zahlreichen Druckfehlern, besonders in den Eigennamen.

Werthvolle Erörterungen über das Verhältniss des Ordens zu den Bischöfen liefern:

4) A. Hansen, Bischof Albert und sein Orden, in den Verhandlungen der gelehrten Estnischen Gesellschaft zu Dorpat. Bd. II. Heft 3 S. 1—35.

5) H. Hildebrand, Die Chronik Heinrichs von Lettland (Berlin 1865. 8.) S. 57 fgg.

6) G. Rathlef, Das Verhältniss des Livländischen Ordens zu den Landesbischöfen und zur Stadt Riga im dreizehnten und in der ersten Hälfte des vierzehnten Jahrhunderts. Dorpat 1875. 8.

Endlich ist hier noch zu erwähnen:

7) A. Büttner, Die Vereinigung des Livländischen Schwertbrüderordens mit dem Deutschen Orden, in den Mittheilungen

aus dem Gebiete der Geschichte Liv-, Est- und Curlands. Bd. XI. S. 3—75. Eine ziemlich oberflächliche, auch nicht fehlerfreie Darstellung der Verfassung des Ordens giebt A. von Richter in seiner Geschichte der Deutschen Ostseeprovinzen Russlands. Th. I. (Riga, 1857. 8.) S. 130—133.

I.
Stiftung des Ordens der Schwertbrüder.

Nachdem Heinrich von Lettland im sechsten Capitel seiner Chronik berichtet, wie Bischof Albert von Livland im vierten Jahre seiner Ordination, d. i. im Frühjahr 1202, mit Hinterlassung weniger Pilger, mit den übrigen nach Deutschland abgereist (§ 1), wie dann sein Bruder Engelbert, ein Ordensgeistlicher aus Neumünster, in Riga angelangt (§ 2), und bald nachher von dem im Jahre zuvor von Ikeskola nach Riga verlegten (§ 4) Domcapitel zum Probst gewählt worden sei (§ 3); wie Albert auch ein Cistercienser-Kloster zu Dünamünde errichtet und den Bruder Dietrich von Thoreida zum Abte desselben geweiht (§ 5), — fährt er fort:

„§ 6. Zu derselben Zeit hat dieser Bruder Dietrich, in der Voraussicht der Treulosigkeit der Liven, und in der Befürchtung, der Menge der Heiden (mit den bisherigen Mitteln) nicht Widerstand leisten zu können, behufs Vermehrung der Zahl der Gläubigen und der Erhaltung der Kirche unter den Heiden, etliche Brüder des Ritterdienstes Christi eingesetzt, denen der Herr Pabst Innocentius (III.) die Regel der Templer vorschrieb u. s. w." [1]).

---

[1]) Heinrich v. L. VI. 6: „Eodem tempore previdens idem frater Theodericus perfidiam Livonorum, et multitudini paganorum non posse

So genau dieser Bericht des zeitgenössischen Chronisten
auf den ersten Blick zu sein scheint, so erheben sich doch, bei
genauerer Prüfung desselben, zumal bei der Heranziehung
anderer Quellenzeugnisse, Zweifel sowohl über den Stifter des
Ordens, als auch über die Zeit der Stiftung. Es darf nämlich
nicht ausser Acht gelassen werden, dass Heinrich von Lettland
hier über Ereignisse berichtet, welche in die Zeit v o r seiner
persönlichen Wahrnehmung und Auffassung der Verhältnisse
fallen [2]); er schöpft hier mithin seine Nachrichten aus Er-
zählungen oder aus Urkunden, wahrscheinlich aus beiden :
daher darf ihre Prüfung an der Hand anderer Zeugnisse nicht
unterbleiben. Allein auch Heinrichs Bericht an und für sich
giebt zu Zweifeln über die Zuverlässigkeit der von ihm angegebenen Zeitfolge der Ereignisse Anlass. Nicht nur wird im
§ 4 des sechsten Capitels auf das vorhergehende Jahr zurück-
gegriffen, sondern es lässt auch Heinrich im § 5 den Bischof
Albert — nachdem er Livland verlassen (§ 1) und bevor er
heimgekehrt (VII, 1) — das Kloster Dünamünde gründen; ja
noch mehr: die Nachricht von der Gründung dieses Klosters
und der Ernennung Dietrichs zum Abte desselben wird drei
Jahre später (IX, 7) wiederholt, ohne dass auf die frühere
Meldung Bezug genommen und das Verhältniss zu derselben
aufgeklärt oder auch nur angedeutet würde [3]). Wenn man
daher auch aus den Worten: „zu derselben Zeit", durch welche
der Chronist die §§ 5 und 6 mit einander verbindet, annehmen
müsste, dass die Stiftung des Ordens mit der des Klosters

---

resistere metuens, et ideo ad multiplicandum numerum fidelium et ad
conservandam in gentibus ecclesiam, fratres quosdam militie Christi instituit, quibus domnus papa Innocentius regulam Templariorum commisit etc."
   [2]) Vergl. H. Hildebrand, die Chronik Heinrichs v. L. S. 58 fg.,
61 fg.
   [3]) S. darüber die erste Lieferung dieser Studien S. 16, Anm. 41 und
die daselbst angeführte Litteratur, wozu noch zu vergleichen A. Hansen
in den Verhandll. der gel. Estnischen Gesellschaft II, 3, 31 fgg.

gleichzeitig erfolgt sei, so wird dadurch für die Ermittelung des Stiftungsjahres nichts gewonnen. Ja, gegen die Gleichzeitigkeit beider Acte dürfte auch der Umstand sprechen, dass das Kloster von dem Bischof, der Orden dagegen, während des Bischofs Abwesenheit, von dem Bruder Dietrich gestiftet ist. Wir glauben nicht irre zu gehen, wenn wir diese Widersprüche durch die Annahme zu lösen suchen, dass dem Chronisten bei der Aufzeichnung der §§ 3, 5 und 6 des sechsten Capitels eine Bulle Innocenz's III. vorgelegen, in welcher der drei oben bezeichneten Stiftungen: des Domcapitels, des Klosters zu Dünamünde und des Ordens, fast in derselben Reihenfolge, und in einer Weise gedacht wird, dass man auf ihre Gleichzeitigkeit wol schliessen könnte [4]). Dann wäre Heinrichs Bericht nur eine Paraphrase jener Bulle. Aber auch diese Bulle giebt für die Bestimmung der Zeit der Stiftung keinen festen Anhalt, denn ihr fehlt die Angabe des Pontificatsjahres. Da sie übrigens das Datum: „Rome apud s. Petrum, IV. idus Octobris" hat, so ist es mehr als wahrscheinlich, dass sie zum Jahre 1204 — vielleicht schon 1202 — gehört [5]), und da die

---

[4]) Die Bulle (in v. Bunge's U.-B. I, 18 No. 14) ist an den Erzbischof von Bremen gerichtet, und es heisst darin: „— — — Venerabilis frater noster Al(bertus), eorundem (scil. Livonum) episcopus, ad conversionem illorum operam tribuens efficacem, tres religiosorum ordines, Cisterciensium videlicet monachorum, et canonicorum regularium, qui, discipline insistentes pariter et doctrine, spiritualibus armis contra bestias terre pugnent, et fidelium laicorum, qui, sub templariorum habitu, barbaris, infestantibus ibi novellam plantationem fidei Christiane, resistant viriliter et potenter, studuit ordinare, ad agnitionem fidei revocare pro viribus satagens aberrantes."

[5]) Im Jahre 1204 datirte nämlich Pabst Innocenz III. seine Bullen vom 14. September bis zum 7. November ohne Ausnahme: „Rome ap. s. Petrum"; dagegen hielt er sich im October 1201 in Anagni, und ebendaselbst auch im October 1203 auf. Bis zum 9. October 1202 sind seine Bullen aus Velletri datirt, vom 29. October an aber Laterani, also aus Rom, daher es möglich, wiewohl nicht wahrscheinlich, ist, dass unsere Bulle von diesem Jahre herrührt. Auch in den Jahren 1205 und 1206 war Innocenz im October in Rom anwesend, allein diese späteren Jahre

Stiftung, wie wir seben werden, während Alberts Abwesenheit
von Livland stattfand, so ist sie frühestens in der Zeit vom
Frühjahr 1202 bis zum Frühjahr 1203, und spätestens um die
Mitte des Jahres 1204 erfolgt [6]).

Als Stifter des Ordens wird in der Zamoiski'schen Hand-
schrift der Chronik Heinrichs von Lettland der Bruder Dietrich
von Thoreida bezeichnet [7]). Jüngere Texte haben hier eine
Interpolation, indem sie die Stiftung „dem Bischof Albert, mit
dem Abte, Bruder Dietrich" zuschreiben [8]). Auch in der oben
erwähnten Bulle Innocenz's III. wird Albert als Stifter des
Ordens genannt [9]). Dagegen erzählt die Livländische Reimchronik, der Pabst habe Bischof Albert den Auftrag ertheilt,

kommen hier nicht in Betracht. S. die folg. Anm. 6. Potthast, dessen
Regesta Pontificum vorstehende Daten entlehnt sind, stellt gleichfalls
unsere Bulle in das Jahr 1204: S. 198 No. 1299. S. auch E. Winkel-
mann in den Mittheill. aus der Geschichte Livlands XI, 310 Anm. 1.

[6]) Heinrich v. L. VI, 1. VII, 1. VIII, 1. Von einem späteren Jahre
kann nicht die Rede sein, da im Jahre 1205 der Orden bereits am Kampfe
gegen die Heiden Antheil nimmt. Heinrich IX, 2. — Die Annahme
E. Bonnell's (Russisch-Livländische Chronographie S. 19 und Com-
mentar S. 46 fg.), dass der Orden bereits in dem Jahre 1201 gestiftet sei,
beruht hauptsächlich auf der unrichtigen Voraussetzung, dass Bischof
Albert und Dietrich von Thoreida gemeinschaftlich den Orden gestiftet
(s. unten Anm. 8), und ist daher hinfällig. — Die Angaben der jüngeren
Chronisten über die Stiftungszeit bleiben hier unberücksichtigt, da deren
Chronologie für diesen Zeitraum bekanntlich eine unrichtige und ganz
unzuverlässige ist. S. übrigens noch unten Anm. 16.

[7]) S. oben Anm. 1. Hildebrand a. a. O. S. 58 Anm. 1 schaltet
zwischen „previdens" und „frater" unrichtig das Wort „Abbas" ein.

[8]) In diesen Texten heisst es nämlich: „Eodem tempore, providens
dominus episcopus Albertus cum abbate, fratre Theoderico, perfidiam Livonum etc." Ein eigenthümliches Missverständniss ist es, dass H. A. G.
v. Pott in seiner commentatio de gladiferis (S. 22, 24 und 27) den
„abbas frater Theodericus" mit Bischof Alberts Bruder, dem Ritter Dietrich, verwechselt, und diesen für den Gründer (autor et hortator) des
Ordens ausgiebt. S. auch noch unten Anm. 17.

[9]) S. oben Anm. 4.

„ein geistliches Leben" zu stiften [10]). Hermann von Wartberge, schreibt sogar die Stiftung unmittelbar dem Pabste Innocenz III. zu [11]), womit auch die sogenannte jüngere Hochmeister-Chronik übereinstimmt [12]). Diese letztern Berichte sind jedoch — abgesehen von ihrem späteren Ursprunge — auch schon aus dem Grunde wenig glaubwürdig, weil sie in dem in Rede stehenden Falle einen Parteistandpunkt einnehmen, und - wie sich unten zeigen wird — geradezu tendenziös sind [13]). Sie können daher das Zeugniss Heinrichs von Lettland nicht entkräften, welches überdies von einem andern Zeitgenossen, Alberich, ausdrücklich bestätigt wird, der übrigens darin irrt, dass er Dietrich Bischof nennt, was derselbe erst weit später wurde [14]).

[10]) Scriptores rerum Livon. J, 532. Vers 595—600:
  „Er (der Pabst) sprach (zu Albert): du solt ouch han gewalt,
  Sint die lant sin also gestalt,
  Stifte ein geistliches leben,
  Nach dem tempil us gegeben,
  Die Gotes ritter heisen da
  Als ubir mer und anders wa."
[11]) Scriptores rerum Pruss. II, 23: „Huius (episcopi Alberti) tempore cum Innocentius papa III. animadverteret, quod gladius spiritualis apud infideles parum proficeret, ibidem gladium addidit temporalem, scilicet ordinem fratrum militie Christi."
[12]) Ebendas. V, 72. Cap. 140 (136): „— — — Ende die paeus maecten desen Albrecht bisscop van Riege, ende die paeus stichtede een ridder oirde by dem bisscop in manier als die oirde van den tempel was, ende die souden in Lieflant wonen ende t'lant bescermen ende voirt aenwinnen." Die Worte „by den bisscop" können übrigens auch „durch den Bischof" bedeuten, und dann wäre der Sinn derselbe, wie in der Reimchronik, Anm. 11. — Als Curiosum mag hier noch erwähnt werden, dass der Freiherr von Blomberg (Description de la Livonie p. 40) Albert die Ermächtigung zur Stiftung des Ordens vom Kaiser ertheilen lässt.
[13]) S. unten Abschn. X, 1.
[14]) Chronik Alberichs zum J. 1232. S. unten im zweiten Excurs. Ein anderer gleichzeitiger Chronist, Arnold von Lübeck (B. V. Cap. 30, S. 216 der Separatausgabe von Pertz) stellt die Sache so dar, als wenn — wie es scheint, ohne jede Anregung oder Mitwirkung von oben — ein Verein von Männern sich gebildet habe, welche ausschliesslich dem Kampfe für Christus sich widmeten. Nachdem er nämlich von den Schaaren von

Können wir hiernach als feststehend annehmen, dass der Orden von dem Bruder Dietrich gestiftet worden, so muss es in hohem Grade befremdend erscheinen, dass ein so wichtiger Schritt, wie die Stiftung eines Ritterordens, nicht von Albert selbst, sondern von einem Mönche ausgegangen, welcher zur Zeit nur eine untergeordnete Stellung einnahm. Nur durch die Annahme, dass die Stiftung während Alberts Abwesenheit von Livland von Dietrich, als seinem Stellvertreter, vorgenommen wurde, gewinnt die Sache an Glaubwürdigkeit. Allein selbst bei dieser Voraussetzung ist es kaum denkbar, dass Dietrich dabei ganz aus eigener Initiative gehandelt; vielmehr ist mit grösster Wahrscheinlichkeit anzunehmen, dass die Stiftung schon früher von Albert allein, oder von ihm in Gemeinschaft mit Dietrich geplant war, und dass letzterer nur, während Albert's Abwesenheit, zur Ausführung des Planes schritt, den projectirten Orden in's Leben rief, indem er, wie unser Chronist sich ausdrückt: „etliche Brüder des Ritterdienstes Christi einsetzte (instituit)", d. i. thatsächlich ernannte [16]).

Kreuzfahrern gesprochen, welche Bischof Albert alljährlich in das Land gezogen, fährt er fort: „Multi etiam, continentias voventes et soli Deo militare cupientes, forma quadam Templariorum omnibus renunciantes, Christi militie se reddiderunt." Aehnlich äussert sich Alb. Krantz (Saxonia c. 14): „Denique effervescente multorum (scil. militum, in Livoniam vectorum) devotione, novum inter se ordinem Crucegladiatorum fratrum erigere deliberarunt, spe confirmationis apostolicae sequuturae." Dies würde an die Art der Entstehung der grossen Ritterorden im Morgenlande erinnern!

[16]) Diese Annahme dürfte jedenfalls mehr für sich haben, als die L. A. Gebhardi's (Geschichte von Livland S. 320 fg.), nach welcher Dietrich die Stiftung des Ordens in Vorschlag gebracht, Albert aber letztern guthiess und beim Pabste die Genehmigung zur Ausführung des Planes erwirkte. — Vergl. noch überhaupt Hildebrand a. a O. S. 57 fgg. R. Hausmann, das Ringen um den Besitz Estlands S. 5 und Anm. 1, und Ed. Pabst in den Anmerkungen zu Heinrich v. L. VI, 6. — S. auch die folgende Anm. 16.

II.

Anfänge des Ordens. Seine Mission. Die Grundlagen seiner Verfassung.

Die Anfänge des Ordens waren ohne Zweifel sehr gering: die Zahl seiner Mitglieder eine nicht bedeutende [16]. Auch finden wir nicht, dass in der ersten Zeit Personen aus besonders angesehenen Familien in den Orden getreten sind [17].

[16] Ist der Orden bereits im Jahre 1202 gestiftet, in welchem Albert mit Hinterlassung „nur weniger Pilger" aus Livland abgereist (Heinrich v. L. VI, 1), darauf sein Bruder Engelbert in Riga nur „mit den ersten Bürgern" angelangt war (das. VI, 2), so muss schon daraus auf einen nur äusserst geringen Anfang geschlossen werden. Ja, diese Umstände müssen die Annahme des Jahres 1202 als Stiftungsjahr mehr als zweifelhaft machen, besonders wenn man noch beachtet, dass die Ordensbrüder erst im Jahre 1205 im Felde auftreten. Und bei dieser Gelegenheit werden sie erst in zweiter Reihe, nach der Mannschaft des Bischofs, aufgeführt (Heinrich IX, 2), was jedenfalls auf die noch geringe Bedeutung ihrer Macht schliessen lässt. Erst zum Jahre 1207 berichtet Heinrich (XI. 3): „Factum est autem eodem tempore, ut augeret Dominus de die in diem numerum et familiam fratrum militie." Unter solchen Umständen darf auch Arnolds von Lübeck „multi" (Anm. 14) nicht zu genau genommen, wenigstens nicht auf den Anfang bezogen werden.

[17] S. darüber unten den ersten Excurs. Zwar giebt Joh. Voigt (Geschichte Preussens I, 410) an, es seien „schon im Jahre 1202 die edlen Ritter Arnold von Meyendorf, Bernhard von Seehausen, Dietrich von Apeldern, des Bischof Albert Bruder, nebst mehreren andern ritterlichen Kriegern, welche den Bischof aus Deutschland nach Livland begleiteten, in den Orden eingetreten," und beruft sich deshalb auf Heinrich von Lettland. Dieser meldet nun allerdings an der angezogenen Stelle (VII, 1) die Ankunft der genannten Edlen in Livland, im Jahre 1203, von ihrem Eintritt in den Orden weiss er aber nichts. Er erzählt im Gegentheil, dass Arnold von Meyendorff im folgenden Jahre wieder nach Deutschland zurückgekehrt (VIII, 2. 4.), was nach abgelegtem Ordensgelübde doch nicht hätte geschehen dürfen. Dietrich, Bischof Alberts Bruder, blieb zwar im Lande, allein er heirathete im Jahre 1211 die Tochter des Fürsten von Pleskau (XV, 13), was das Keuschheitsgelübde dem Ordensbruder nicht gestattet hätte. Dasselbe Missverständniss findet sich übrigens auch in A. v. Richter's Geschichte der Ostseeprovinzen (I, 88), sowie schon bei v. Pott a. a. O., S. 26 fg. Letzterer lässt die Stiftung des Ordens im Jahre 1202 in Deutschland erfolgen, und den Bischof Albert, mit seinem Bruder Dietrich, A. von Meyendorff, B. von Seehusen und andern

Nicht früher als im Jahre 1205 sehen wir ihn an einem Kriegs-
zuge gegen die heidnischen Landeseingeborncn Antheil nehmen [18])
und so zur Erfüllung seiner Mission schreiten. Letztere bestand
in der Beschützung und Vertheidigung der im Lande neu be-
gründeten Kirche Christi und in der Bekämpfung und Bekehrung
ihrer Feinde [19]).

In der ganzen Organisation des Ordens treten daher zwei
Elemente hervor: das kriegerische und das religiöse. In Beziehung auf das letztere war ihm vom Pabste die Regel des
Templerordens vorgeschrieben [20]), und diese lag — so weit die
beschränkteren Verhältnisse es zuliessen und beziehungsweise
erheischten — auch der weltlichen oder militärischen Verfassung zum Grunde. Hiernach theilten sich die Mitglieder,
Brüder, in drei Classen: Ritterbrüder, Priesterbrüder und dienende
Brüder. An ihrer Spitze stand der Ordensmeister, welchem
mehrere Unterbefehlshaber und Beamte untergeordnet waren.
Den Ritterbrüdern war eine gemeinsame Tracht, mit besondern
Abzeichen, durch welche sie sich von den Tempelherren unterscheiden sollten, verliehen; sie fochten unter einem eigenen
Banner. Auch den Brüdern der beiden andern Classen waren
jeder derselben eine besondere Tracht vorgeschrieben. — Nach
aussen hin stand aber der Orden in Abhängigkeit von den
Bischöfen, in deren Diöcesen seine Besitzungen gelegen waren.

Rittern, sämmtlich — Albert nicht ausgenommen — mit dem Ordenshabit
angethan, nach Livland reisen, und dies Alles mit Berufung auf Heinrich v. L. VII, 1!

[18]) Heinrich v. L. IX, 2. Vergl. oben Anm. 16.

[19]) Ebendas. VI, 6, oben Anm. 1. Bullen Innocenz's III. vom 12. October 1204 und vom 20. October 1210, U.-B. No. 14. 16. 17. Vergl. auch
die Bulle Gregor's IX. vom 21. Februar 1232 (U.-B. No. 128) und die
Regeste 17,a im U.-B. VI S. 3. — Uebrigens war nicht bloss die Theilnahme an eigentlichen Kriegszügen Aufgabe der Ordensbrüder: so sehen
wir sie z. B. auch mit friedlichen Kaufleuten, als deren Beschützer, die
Düna hinaufziehen (Heinrich XVII, 5).

[20]) Bulle Innocenz's III. vom 20. Octbr. 1210 (U.-B. No. 16. 17.) S.
unten Abschn. IV.

Als nämlich die Zahl der Ordensbrüder um das Jahr 1207 merklich herangewachsen war, erhoben sie Ansprüche auf einen Theil des eroberten Landes, welches dem Bischof Albert von Kaiser und Reich als Landesherrn verliehen worden war. Der Bischof gestand ihnen den dritten Theil desselben zwar zu, jedoch — im Geiste der damaligen Zeit — nur in Form eines Lehns. Mit der Entstehung neuer Bisthümer trat der Orden in ein gleiches Verhältniss mit deren Prälaten, und erwarb dergestalt allmählich ein mächtiges Landesgebiet, welches er gegen das Ende seines Bestehens auch noch durch einseitige Eroberungen erweiterte [21]). Je mehr seine Macht dergestalt wuchs, um so grösser war sein Bestreben, sich von der Oberhoheit der Bischöfe zu befreien. Er erbat und erlangte wiederholt die kaiserliche Bestätigung für die ihm von den Bischöfen abgetheilten, sowie für die selbstständig eroberten Gebiete, erreichte jedoch nicht das ersehnte Ziel: denn noch bei seiner Verschmelzung mit dem Deutschen Orden im Jahre 1237 wurde selbst für diesen die Fortdauer des alten Abhängigkeitsverhältnisses von den Livländischen Bischöfen durch den Pabst ausdrücklich angeordnet [22]).

III.
Benennung des Ordens und seiner Mitglieder.

Die ursprüngliche und ohne Zweifel richtigste Benennung der Mitglieder des Ordens ist die von Heinrich von Lettland, sowie in gleichzeitigen päbstlichen Bullen und kaiserlichen Urkunden gebrauchte, lautend: „Fratres militiae Christi" [23]),

---

[21]) S. unten Abschn. IX.
[22]) S. Abschn. X.
[23]) Heinrich v L. VI, 6. IX, 2. XI, 6. XII, 6. Bullen Innocenz's III. von den Jahren 1210, 1212, 1213, im U.-B. No. 16. 17. 24. 27. 28. 30. 31; Honorius' III. vom Jahre 1226 No. 91 und 93, a; Gregor's IX. von den

— 14 —

oder — abgekürzt — „Fratres militiae"[24]), häufig mit dem Zusatze „in Livonia" oder „de Livonia"[25]), von Neuern durch „Brüder der Ritterschaft (richtiger: des Ritterdienstes) Christi" übersetzt. Seltener, aber auch schon früh, findet sich die — in älterer Zeit auch den Templern beigelegte [26]) — Be_ nennung „Milites Christi"[27]), und damit gleichbedeutend sind die „Milites Dei" in den Chroniken Alberichs[28]), und Arnolds von Lübeck[29]), und das Deutsche „Gotes Ritter" in der Livländischen Reimchronik[30]), gleich wie das Russische

Jahren 1230 und 1237 No. 149 und 2719. Urkunden der Kaiser Otto IV. vom Jahre 1212 und Friedrichs II. von den Jahren 1226 und 1232. U.-B. No. 25. 90 und 127. Auch die Livländischen Bischöfe und der Legat, Bischof Wilhelm von Modena, machen meist von dieser Benennung Gebrauch. S. das U.-B. No. 62. 70. 73. 82. 83. 139. 140 u. a. m.

[24]) So bei Heinrich v. L. am häufigsten, zuerst X, 8, dann XI, 3. 5. XIII, 1. 5, und öfters.

[25]) S. z. B. das U.-B. No. 92,a. 93,a. 99,a. 127. 141,a. 145. 147. 149 u. a. In der Urkunde des Legaten, Bischofs Wilhelm, vom 23. Mai 1226 (U.-B. No. 88) wird der Ordensmeister „Magister militum Rigensium" genannt.

[26]) Diese Benennung findet sich namentlich bereits in der Regel des Templerordens vom Jahre 1128 Art. 22. 57. 72. Auch lautete die Umschrift des ältesten Siegels des Templerordens: „Sigillum militum Christi." S. F. Münter's Statuten des Ordens der Tempelherrn S. 78 Anm. Vergl. noch F. Wilcke's Geschichte des Tempelherrnordens I, 12.

[27]) S. z. B. die Urkunden von den Jahren 1211, 1212, 1213, 1226 im U.-B. No. 18. 23. 38. 90.

[28]) Alberichs Chronik zum Jahre 1232, in Pertz, Monum. Germaniae XXIII, 930. S. unten im zweiten Excurs.

[29]) L. V. c. 3 in fine: „Orta tamen fuit inter domnum episcopum et fratres supradictos (s. oben Anm. 14), qui Dei milites dicuntur, quedam intestina simultas etc."

[30]) Vers 599 (oben Anm. 10). 2010. Daraus, dass an zwei Stellen der Chronik (Vers 6481 und 11436) auch die Brüder Deutschen Ordens in Livland Gottesritter genannt werden, folgert Th. Kallmeyer (in den Scr. rer. Livon. I, 732 fg.), dass dieser Name „den geistlichen Ritterorden überhaupt" bezeichnet. Unterstützung findet diese Ansicht besonders auch in den Worten des Chronisten Vers 599 und 600: „die Gotes ritter heisen da als ubir mer (d. i. in Palästina) und anders wa." Uebrigens wird der Ausdruck Gottesritter, als specifische Bezeichnung der Schwertbrüder, auch in anderen Quellen gebraucht, so in den Livischen

„Божiй Дворянинъ"[31]). Der Name „Swert brudere".
Schwertbrüder, kommt in keiner gleichzeitigen Geschichtsquelle,
sondern erst in der eben gedachten Reimchronik[32]) und in
Chroniken des Deutschen Ordens vor[33]), ist von dem Schwert
im Wappen des Ordens und auf den Mänteln der Ordensbrüder[34])
hergenommen, und in der Folge — bis in die neueste Zeit —
der gebräuchlichste geworden. Zwar haben bereits einige
jüngere Texte der Chronik Heinrichs von Lettland an einer
Stelle[35]) den Ausdruck: „Fratres gladiferi", dieser ist
jedoch offenbar ein späterer Zusatz[36]). Erst um die Mitte des

Bauerrechten (J. Paucker, Quellen der Livländ. Ritterrechte S. 84 und
in v. Bunge's Beiträgen zur Kunde der Rechtsquellen S. 81 fgg.), in
dem sog. Berichte Hartmanns von Heldrungen (s. unten Anm. 342)
über die Aufnahme der Schwertbrüder in den Deutschen Orden (in den
Mittheill. aus der Geschichte Livlands etc. XI, 84 fg.), in M. Brandis'
Chronik (Monum. Livon. III, 68. 69. 76. 79), in Th. Hiärn's Livländ.
Geschichte (Monum. Livon. I, 74).

[31]) S. den Vertrag des Fürsten Mstislaw von Smolensk mit Wisby
und Riga vom J. 1229, U.-B. No. 101.

[32]) Reimchronik Vers 721. 2033.

[33]) S. besonders die jüngere Herrmeisterchronik Cap. 140, in den
Scr. rer. Pruss. V, 73, desgleichen die ältere Hochmeisterchronik das. III,
540 Anm. o und die Danziger Ordenschronik das. IV, 366.

[34]) S. darüber unten Abschn. VI.

[35]) XXIII, 9: „Magister Volquinus cum fratribus suis gladiferis." Scr.
rer. Livon. I, 240. In der Arndt'schen Ausgabe der Chronik in Pertz,
Monum. Germ. XXIII. 306, ist diese Variante nicht angegeben.

[36]) Vergl. auch Ed. Pabst in seiner Uebersetzung der Chronik Heinrichs S. 264 Anm. 4 zum § 9. — Die Benennung „gladiferi" begegnet
übrigens auch schon in Laurentii Blumenau historia de ordine
Theutonico cruciferorum, aus der Mitte des fünfzehnten Jahrhunderts, in
den Scr. rer. Pruss. IV, 50: „Preterea fratres gladiferos in Lyvonia — —
magister is (Hermannus) — — — in suum acceptavit ordinem." Auch
Albert Krantz in der Wandalia L. VI. c. 11 nennt sie „fratres gladiferi," dagegen in der Saxonia L. VII. c. 14: „Ordo crucegladiatorum
oder gladiocruciatorum fratrum." In Joh. Naucleri Chronica
(Colon. 1579 fol.). Vol. III. Gener. 12 pag. 929 liest man: „Erant in
Livonia fratres religiosi, vulgo dicti de gladio." — Auch in Spanien bestand bereits seit dem Jahre 1170 ein dem der Tempelherrn verwandter
Ritterorden ähnlichen Namens, der der „fratres oder milites s. Jacobi de
gladio." Vergl. Pertz. monum. Germ. XVI, 676.

sechszehnten Jahrhunderts tritt die Benennung „Fratres ensiferi" auf[37]). In einigen Bullen Pabst Gregors IX. endlich werden die Ordensbrüder „Fratres militiae templi de Livonia"[38]) oder „Fratres, templariorum ordinem in Livonia profitentes"[39]) genannt[40]. Alle diese Benen-

[37]) Die älteste zeitlich bestimmte Spur findet sich bei Thomas Horner (Livoniae historia, in den Scr. rer. Livon. II, 379) vom Jahre 1551, der sie „Ensiferos Teutonici ordinis milites", und bei Augustin Eucaedius (Aulaeum Dunaidum, ebendas. II, 407) vom Jahre 1568, welcher sie „fratres ex ordine ensifero" nennt. Die Benennung kommt aber auch in den sog. Ronneburger Epigraphen vor, in welchen es von dem Bischof Albert unter Anderm heisst: „Ensiferos vocat ad communia proelia fratres," und ist mit jenen in Dav. Chyträus Chronicon Saxoniae (Rostock. 1590) L. X p. 293, (Lipsiae 1611) im Appendix p. 980, übergegangen. Ueber das Alter dieser Epigraphen, — welche sich auch in den Chroniken von B. Grefenthal (Monum. Livon. V, 4) und von M. Brandis (das. III, 119) finden, — steht jedoch nichts fest. G. Berkholz (Sitzungsberichte der Gesellschaft für Geschichte der Ostseeprovinzen aus dem Jahre 1874 S. 14) erklärt sie für apokryph, ohne jedoch irgend Gründe für diese Behauptung anzugeben. — Ensiferi werden die Schwertbrüder endlich auch noch genannt von Dionys. Fabricius (in den Scr. rer. Liv. II, 445) und von den beiden Schurzfleisch, s. oben S. 4.

[38]) Bulle vom 30. Januar 1232, U.-B. No. 117.

[39]) S. die drei Bullen vom 8. Septbr. 1232, aus Manrique Annales Cisterc., in diesen Geschichtsstudien Lief. I S. 85 und 86 No. 4--6. Mit der zweiten dieser Bullen (No. 5) stimmt wörtlich überein eine undatirte und mit keiner Addresse versehene, dem Pabste Honorius III. und dem Jahre 1222 zugeschriebene Bulle in Raynaldi Annales eccles. ad annum 1222 No. 40, welche auch in die Decretalen Gregors IX. Lib. V. tit. 35 c. 3 aufgenommen, desgleichen in v. Bunge's U.-B. No. 54 abgedruckt ist. In Potthast's Regesta Pontificum findet sie sich nicht angeführt, und von den drei Bullen bei Manrique nur die dritte (unter No. 8996), und auch diese mit der Bemerkung: „Signa chronologica sunt corrupta." Letzteres bezieht sich unstreitig darauf, dass die Bulle (gleich den beiden andern) bei Manrique: „Laterani, VI. idus Septembri, pontif. nostri anno sexto" datirt ist, während Gregor IX. vom August 1232 an bis zum März 1233 alle seine Erlasse ohne Ausnahme aus Anagni datirte. Eine Lösung dieser Widersprüche muss zwar im Uebrigen einstweilen aufgegeben werden; indess dürfte die Richtigkeit der Angabe Raynalds, dass die erwähnte Bulle von Honorius III. herrühre, doch sehr zweifelhaft sein. Das von ihm derselben beigelegte Jahr 1222 war das sechste Pontificatsjahr Honors, wie das Jahr 1232 das sechste Gregors: liegt da nicht die Vermuthung nahe, dass Raynald sich in dem Namen des Pabstes versehen?

nungen gelten übrigens zunächst nur von der ersten Classe der Ordensbrüder, den Ritterbrüdern.

Für die Bezeichnung der Gesammtheit der Ordensbrüder, des Ordens als Corporation, findet sich in den Quellen nur höchst selten ein besonderer Ausdruck gebraucht[41]. In einer Urkunde Kaisers Otto IV. finden wir „Conventus Christi militum"[42], in einer Kaisers Friedrich II. „Magister domus militiae Christi"[43], in Peters von Dusburg Preussischer Chronik „Magister de ordine militum Christi"[44]. Als „ordo" bezeichnet übrigens die Corporation nicht nur Pabst Innocenz III., gleich nach ihrer Stiftung[45], sondern es legt sich auch der Orden selbst einmal die Benennung „ordo & collegium fratrum militiae

— Schliesslich muss noch als auffällig bemerkt werden, dass die Bullen, in welchen die Schwertbrüder Templer genannt werden, wider den Orden gerichtet, und ohne Zweifel durch die demselben feindlich gesinnten Bischöfe Gottfried von Oesel und Balduin von Semgallen veranlasst sind. Vergl. diese Studien Licf. I. S. 37 fg. 40, und oben Anm. 28. In andern, fast gleichzeitig mit den oben citirten erlassenen Bullen, z. B. vom 3. und 4. Februar und vom 24. Novbr. 1232 (U.-B. No. 120. 122. 128), redet Gregor IX. die Ordensbrüder „milites Christi" an. S. auch die Bullen desselben Pabstes vom 19. und 24. Febr., 22. März, 10. April 1236. 12. und 13. Mai 1237 (U.-B. No. 144—147. 149. 150), in denen sie immer „fratres militiae Christi" genannt werden.

[40]) Noch andere ausser den oben aufgezählten Benennungen der Schwertbrüder führt v. Pott (a. a. O. S. 23) auf, als: Equites ensiferi, equites militiae sacrae, Crucigeri, Schwertträger, Christritter, Kreuzbrüder, Kreuzherren, Porteglaives. Sie sind jedoch sämmtlich neuern Ursprungs, kommen in zuverlässigen Geschichtsquellen nicht vor, und gehören zum Theil gar nicht hierher, wie denn z. B. Crucigeri, Kreuzherren, eine Benennung für die Brüder des Deutschen Ordens ist.

[41]) Ob dahin auch der einmal (XIV, 5) bei Heinrich v. L. vorkommende Ausdruck: „Societas fratrum militie" zu rechnen, dürfte zweifelhaft sein, da die Stelle auch eine andere Deutung zulässt.

[42]) Urk. vom 27. Januar 1212, U.-B. No. 24.

[43]) Urkunden vom Mai 1226 und vom 9. August 1231, U.-B. No. 90. 109.

[44]) Cap. 28, in den Scr. rer. Pruss. I. 65. Auch Hermann von Wartberge (ebendas. II, 23) spricht von dem „ordo fratrum militie Christi."

[45]) Bulle vom 12. October 1204, oben Anm. 4.

Christi" bei [46]). Sonst heisst es in den Quellen überall, wo von dem Orden als Ganzem die Rede ist: „Fratres militiae Christi", oder „Magister & fratres militiae (Christi)", oder „Magister militiae & fratres eius"[47]). Man könnte dadurch verleitet werden, das Wort „Militia" als Bezeichnung der Corporation anzusehen, wenn es nicht — wie bereits oben bemerkt worden — richtiger wäre, dasselbe durch „Ritter d i e n s t" zu übersetzen[48]). Es ist daher nicht zu rechtfertigen, dass neuere Geschichtsschreiber zur Bezeichnung des Ordens als Corporation schlechtweg den Ausdruck: „R i t t e r s c h a f t" brauchen[49]). Letzterer hat vielmehr eine weitere Bedeutung, und es gab auch schon zu jener Zeit in Livland noch andere Ritter und eine andere Ritterschaft, welche nicht zum Orden gehörte[50]). Aber auch die Bezeichnung „O r d e n s ritterschaft" gilt, streng genommen, nicht für den ganzen Orden, da nicht alle Ordensbrüder auch Ordens-ritter waren; weil jedoch letztere die angesehenste und herr-

---

[46]) Urk. vom 18. April 1226, U.-B. No. 2717.

[47]) S. die in den Anmerkungen 23—25 angeführten Belege und viele andere Stellen, besonders bei H e i n r i c h v. L e t t l a n d.

[48]) Nur so sind namentlich die Worte: „Christi militie se reddiderunt" bei A r n o l d v o n L ü b e c k (oben Anm. 14) zu verstehen, besonders in Berücksichtigung der vorangehenden: „soli Deo militare."

[49]) Dies thut fast durchgängig H. H i l d e b r a n d, die Chronik Hein-richs v. L., z. B. S. 59. 63. 73. 75 — 78. 106. 109. 118. 120 u. ö. S. auch R. H a u s m a n n, das Ringen der Deutschen und Dänen S. 33. 62. 75 u. ö. E d. P a b s t (Uebers. Heinrichs v. L. S. 169 Anm. 2 zu § 3) nennt sogar die im Ordensgebiete angesessenen Liven „ritterschaftliche." Selbstver-ständlich ist es ebenso unrichtig, die einzelnen Ordensbrüder schlechthin „Ritter" zu nennen.

[50]) Dahin gehörten z. B. die „milites de Kukenoys" bei H e i n r i c h v. L. XVII, 5. XVIII, 4 und 9. XXIV, 4: „Theodericus, miles de Kuke-noys, cum aliis militibus et servis episcopi." Auch die „milites quam plures," welche Bischof Albert im Jahre 1205 mitbrachte (H e i n -r i c h IX, 6), ebenso in den Jahren 1209, 1217 etc. (das. XIII, 1. XXI, 1), waren keine Ordensbrüder, wiewohl einzelne von ihnen später in den Orden getreten sein mögen. — H i l d e b r a n d unterscheidet selbst einmal (a. a. O. S. 104) „bischöfliche und Ordensritter."

schende Classe bildeten, so gaben sie — pars pro toto — der ganzen Corporation den Namen.

Dem heutigen Sprachgebrauch am angemessensten ist es, die ganze Corporation als Orden, und zwar als Orden der Schwertbrüder, zu bezeichnen, dessen Mitglieder im Allgemeinen Ordensbrüder zu nennen, und unter ihnen die Ritterbrüder oder Ordensritter, die Priesterbrüder oder Ordenspriester, und die dienenden Brüder oder Ordensknechte zu unterscheiden.

IV.
Die Ordensregel.

Dem Orden der Schwertbrüder war die Regel des Templerordens vorgeschrieben [51]. Diese, von dem berühmten Cistercienserabte Bernhard von Clairvaux im Jahre 1128 verfasst, hatte die Ordensregel des heiligen Benedict zur Grundlage, nahm indessen auch einige Bestimmungen aus der Regel der

[51] Heinrich v. L. VI, 6. Bullen Innocenz's III. vom 12. Octbr. 1204 und vom 20. Octbr. 1210 (U.-B. No. 14 und 16). S. oben Anm. 1 und 4. Es ist die Frage aufgeworfen worden, ob die Templerregel dem Orden der Schwertbrüder erst vom Pabste oder bereits von dem Stifter des Ordens vorgeschrieben worden (H. Hildebrand, die Chronik Heinrichs v. L. S. 61 fg.). Ohne Regel ist ein geistlicher Orden nicht denkbar: ihre Existenz muss daher mit der Stiftung des Ordens zusammenfallen. Dass aber der Stifter an keine andere Regel, als die der Templer, dachte, geht schon daraus hervor, dass er bei der Stiftung dieselben Ziele, welche der Templerorden verfolgte, im Auge hatte, ja dass er den von ihm ins Leben gerufenen Ordensbrüdern sogar denselben Namen gab, welchen die Tempelherrn in der ältesten Zeit führten (s. oben Anm. 26). Die Verweisung auf die Templerregel rührt mithin ganz unstreitig von dem Stifter her; der Pabst erkennt sie nur einfach an, und zwar bereits in der Bulle vom Jahre 1204, vollends aber in der vom Jahre 1210, in welcher es nur heisst: „Regulam quoque militum templi servantes." Dem gegenüber kann die abweichende, wol auf Missverständniss beruhende Darstellung bei Heinrich v. L. a. a. O. von keinem Gewicht sein.

2 *

Cistercienser in sich auf [52]). Sie ist in ihrer ursprünglichen
Form nicht mehr vorhanden, vielmehr hat die älteste bekannte
Recension bereits nicht wenige Zusätze aus späterer Zeit,
welche aber auch nicht über das Jahr 1180 hinausreichen [53]).
Diese Recension besteht aus 72 Artikeln, ist in Lateinischer
Sprache abgefasst und zuerst in Miraei deliciae ordinum
equestrium (Colon. 1613) S. 226 fg., dann auch in W. F. Wilcke's
Geschichte des Tempelherrenordens Bd. II. (Leipzig 1827. 8.)
S. 203—222 gedruckt.

Ausser dieser eigentlichen Ordensregel hatten die Templer
noch ausführliche Statuten, welche die alte Regel grösstentheils
in sich aufgenommen und durch eine grosse Zahl sehr ins Einzelne gehender Bestimmungen erweitert haben, ihren Hauptbe-
standtheilen nach aber auch schon dem zwölften Jahrhundert
angehören. Der jetzt allein noch bekannte Text führt den
Titel: „Les retraits [54]) et les establissements de la maison du

---

[52]) Daraus erklärt sich wohl die etwas dunkle Ansicht C. F. Eichhorn's (Deutsche Staats- und Rechtsgeschichte. 5. Ausg. Th. II. S. 534
Anm. e), die Schwertbrüder hätten die Regel der Cistercienser erhalten,
von welcher Bernhard von Clairvaux, der die Regel der Tempelherrn
aufsetzte, auch Einiges in diese aufgenommen. — Benj. Bergmann
(Magazin für Russlands Geschichte I, 1, 5) behauptet zwar, der Orden
der Schwertbrüder sei nach der Prämonstratenser Regel (canonicorum regularium s. Augustini) gestiftet. Allein dies beruht auf einem Irrthum:
die Templer nämlich befolgten allerdings ursprünglich diese Regel; dieselbe wurde jedoch sehr bald — und lange vor der Stiftung des Schwertbrüderordens — durch die von Bernhard redigirte eigene Regel verdrängt.
S. F. Münter's Statutenbuch a. a. O. S. 1 fgg.

[53]) S. das Nähere bei F. Münter, Statutenbuch S. 2—12 und
F. Wilken, Geschichte der Kreuzzüge Bd. II. (Leipz. 1813. 8.) S. 553 fgg.
Die ältere Regel, von welcher bei Wilken (S. 554 Anm. 27) die Rede ist,
hat für unsere Zwecke kein Interesse.

[54]) Lateinisch „Retragia." In Du Cange glossarium (Ausg. von
Henschel V, 446) wird „Retraga" (wol der Plural von Retrag) für ein
Provençalisches Wort (vox Occitanica) erklärt, mit der Bedeutung: „Secre-
tiora statuta, constitutiones, quae ad regimen internum pertinent." Ray-
nouard, lexique Roman V. (Paris 1844) S. 407, leitet das Wort vom
Lateinischen „Retractus" her und übersetzt es: „recapitulation, recrimi-
nation, bavardage."

Temple", und enthält nicht wenige Zusätze, welche bis an das Ende des dreizehnten Jahrhunderts reichen. Er ist in Provençalischer Sprache abgefasst und zerfällt in 31 Capitel [55]). Eine Deutsche Uebersetzung hat Fr. Münter geliefert in dem Werke: Statutenbuch des Ordens der Tempelherren. Th. I. Berlin 1794. 8. [56]). In dieser Uebersetzung sind die einzelnen, regellos aneinander gereihten Capitel des Originals zweckmässig geordnet und in acht Bücher vertheilt, auch die weggelassenen Artikel der alten Regel gehörigen Orts wieder eingeschaltet worden.

Dass den Brüdern des Schwertordens die oben angeführte Lateinische Ordensregel zur Richtschnur diente, kann keinem Zweifel unterliegen. Es ist jedoch mehr als wahrscheinlich, dass auch die Statuten, — Retraits, — so weit sie bereits dem Anfange des dreizehnten Jahrhunderts angehören und mit der alten Regel nicht im Widerspruch stehen [57]), von ihnen befolgt wurden, zumal die Statuten die Regel in Beziehung auf mancherlei Einrichtungen ergänzen, welche zur Zeit der Abfassung der letztern noch nicht vorhanden waren und erst im Laufe des zwölften Jahrhunderts sich entwickelten. Es wird daher in der nachfolgenden Darstellung, welche übrigens auf

[55]) Münter a. a. O. S. 12—24. Hiervon abweichend hält Wilken a. a. O. S. 558 Anm. 30 a. E. die Lateinische Regel nur für einen Auszug aus der „eigentlichen ausführlichen Regel," welche letztere geheim gehalten wurde. Allerdings enthalten die Ordensstatuten B. IV. Tit. 5 Art. 2 die Bestimmung: „Kein Bruder darf ohne Erlaubniss des Convents die Statuten oder die Regel besitzen," damit die Statuten nicht zum Nachtheil des Ordens „den Weltleuten offenbart" würden. Dann wären aber die Statuten älter, als die Lateinische Regel? Eine eingehende Vergleichung beider führt indess entschieden zum entgegengesetzten Resultate, wie es von Münter dargestellt ist.

[56]) Der zweite Theil dieses gründlichen Werkes, welcher einen Abdruck des Originaltextes der Statutensammlung bringen sollte (s. die Vorrede zu Th. I.), ist nicht erschienen.

[57]) S. z. B. unten Anm. 148.

die Grundzüge sich beschränken muss, auch auf die Statuten gebührende Rücksicht zu nehmen sein [58]).

—————

V.

Die Ordensgelübde.

Wer Ordensbruder werden will, muss vor Allem für die Dauer seines Lebens die nachbenannten vier Gelübde ablegen 1) Das Gelübde des Gehorsams. Dieses verpflichtet ihn zum gänzlichen Verzicht auf den eigenen Willen, und zur unbedingten und ungesäumten Befolgung und Erfüllung der Befehle des Ordensmeisters oder dessen Stellvertreters [59]). Ohne Erlaubniss dieser Obern darf ein Bruder die Wohnung des Ordens nicht verlassen [60]), Briefe weder empfangen, noch schreiben, selbst wenn sie von seinen Eltern kommen, bezw. an dieselben gerichtet sind. Irgend welche Sendungen der Eltern darf er nicht eher annehmen, als bis es dem Meister kundgethan ist. Von der letztern Vorschrift werden übrigens die Ordensobern nicht betroffen [61]).

[58]) Ausführliche Darstellungen der innern Verfassung des Templerordens s. bei Münter a. a. O. S. 343—496, und in W. F. Wilcke's Geschichte des Ordens Bd. II. S. 78—202.

[59]) Ordensregel Art. 33: „Quod nullus iuxta propriam voluntatem incedat. Convenit his nempe militibus, — — — ut obedientiam indesinenter magistro teneant. Fundata est itaque, ut mox ubi aliquid imperatum a magistro fuerit, vel ab illo, cui magister mandatum dederit, sine mora, ac si Divinitus imperetur, moram pati nesciant in faciendo." S. auch den Art. 34 in der folgenden Anmerkung.

[60]) Das. Art. 34: „Si licet ire per villam sine iussu magistri. Ergo hos milites, propriam voluntatem relinquentes, — — deprecamur et firmiter eis iubemus, ut sine magistri licentia, vel cui creditum hoc fuerit, in villam ire non presumant etc." Auch nach erhaltenem Urlaub durfte ein Bruder nie allein, sondern nur in Begleitung eines Mitbruders, ausgehen. Das. Art. 35.

[61]) Das. Art. 41: „De legatione litterarum. Nullatenus cuiquam fratrum litteras liceat a parentibus suis, neque a quoquam hominum, nec

2) Das Gelübde der Keuschheit verbietet den Brüdern den Umgang mit dem weiblichen Geschlecht. Es ist sogar untersagt, das Antlitz eines Weibes genau anzuschauen, vollends aber ein Weib zu küssen, selbst Mutter und Schwester nicht ausgenommen [62]).

3) Vermöge des Gelübdes der Armuth durfte kein Bruder irgend etwas mit Eigenthumsrecht besitzen [63]); insbesondere durfte er ohne Erlaubniss keine Münzen haben oder bei sich führen [64]). Alles, was ein Mitglied des Ordens besitzt und erwirbt, gehört dem Orden als Corporation [65]). Daher

sibi invicem accipere vel dare, sine iussu magistri vel procuratoris. Postquam licentiam frater habuerit, in presentia magistri, si ei placeat, legantur Si vero et a parentibus ei quidquam directum fuerit, non presumat suscipere illud, nisi prius indicatum fuerit magistro. In hoc autem capitulo magister et domus procuratores non continentur."

[62]) Das. Art. 72: „Ut omnium mulierum fugantur oscula. Periculosum esse credimus omni religioni, vultum mulierum nimis attendere, et ideo nec viduam, nec virginem, nec matrem, nec sororem, nec amicam, nec ullam aliam feminam aliquis frater osculare presumat. Fugiat ergo feminea oscula Christi militia, per que solent homines sepe periclitari etc." Ausnahmsweise durften zwar auch verheirathete Männer der Ordensbrüderschaft theilhaft werden, wenn beide Ehegatten ihr Vermögen und ihren künftigen Erwerb auf ihren Todesfall dem Orden hinterliessen. Dergleichen verheirathete Brüder durften jedoch nicht mit unverheiratheten in demselben Hause wohnen (das. Art. 55). Von solchen verheiratheten Brüdern des Schwertordens sind wol zu verstehen die „fratres in matrimonio habentes" in der Urkunde des Legaten, Bischofs Wilhelm von Modena, vom 5. April 1226 (U.-B. No. 82). S. auch noch unten Anm. 106 und 133. — Die Aufnahme von Ordensschwestern ist ausdrücklich untersagt (Ordensregel Art. 56). S. übrigens Münter a. a. O. S. 409 fgg.

[63]) Es ist auffallend, dass dieses Gelübdes in seiner Allgemeinheit (über specielle Anwendungen s. unten Anm. 67 und 68) in der alten Ordensregel nicht gedacht wird, da es doch allen geistlichen Orden gemeinsam ist. S. auch die Regel Benedicts unten Anm. 65. In dem Statutenbuch des Templerordens B. IV. Tit. 1 § 21 fgg. ist es ausführlich behandelt. S. Münter S. 149 fgg.

[64]) Ordensstatuten B. IV. Tit. 1 § 21. 22.

[65]) Daselbst § 23. Vergl. auch die Ordensregel Art. 4 (unten Anm. 119). Regel Benedicts Cap. 33: „Omnia sunt omnibus communia, — — nec quisquam suum aliquid esse dicat vel presumat."

müssen alle Einzelnen zugewendeten Geschenke und Vermächt-
nisse dem Ordensmeister oder dem Ordenscapitel übergeben
werden [66]). Ohne der Obern Erlaubniss darf keiner der Brüder
von dem andern etwas eintauschen oder verlangen, es sei denn
von ganz unbedeutendem Werthe [67]). An seinem Felleisen oder
Kasten darf kein Bruder ein Schloss haben. Hiervon sind nur
die auf einer Reise befindlichen Brüder, der Meister und die
Comthure ausgenommen [68]).

4) Während die vorstehend aufgeführten drei Gelübde allen
geistlichen, sowie allen Ritterorden gemein waren, kam, wie bei
dem Templer-, so auch bei dem Schwertbrüder-Orden als viertes
noch hinzu: das Gelübde, sein ganzes Leben dem K a m p f e
w i d e r d i e U n g l ä u b i g e n zu widmen [69]).

VI.
Die Ordensbrüder.
1. Im Allgemeinen.

Obgleich die Ordensregel vorschreibt, dass diejenigen.
welche in den Orden treten wollen, vor ihrer Aufnahme einer
Prüfung (Noviciat) unterworfen werden sollen, deren Dauer von
dem Ermessen des Meisters abhängt [70]), so wurde doch diese
Bestimmung von den Templern — besonders in der spätern
Zeit — so gut wie gar nicht beobachtet [71]). In wie weit die
Schwertbrüder sie befolgten, ist zwar nicht bekannt; man

---

[66]) Ordensstatuten a. a. O. § 4. 34. 35.
[67]) Ordensregel Art. 45.
[68]) Das. Art. 40.
[69]) Ordensstatuten B. I. Tit. 2, bei M ü n t e r S. 37. Vergl. auch die
Ordensregel Art. 48. Auch bei dem Orden der Schwertbrüder war die
Bekämpfung der heidnischen Eingebornen ja der Hauptzweck der Stiftung.
S. die in der Anm. 19 angeführten Quellen.
[70]) Ordensregel Art. 58.
[71]) M ü n t e r S. 352 fgg.

wird jedoch annehmen dürfen, dass, so lange das Bedürfniss nach Vermehrung der Brüderzahl ein dringendes war, — und dies war wol bis zur Auflösung des Ordens der Fall, — die Prüfungszeit mindestens sehr abgekürzt wurde. Aus denselben Gründen wurde die Bestimmung der Ordensregel, dass keine Kinder und Minderjährige in den Orden aufgenommen werden sollen[72]), von den Schwertbrüdern ohne Zweifel strenger beobachtet, als von den Templern[73]), denn jenen kam es vor Allem auf Gewinnung von Männern an, welche sofort in den Kampf eintreten konnten.

Jeder Bruder ist zur regelmässigen Abwartung des täglichen und stündlichen Gottesdienstes verpflichtet[74]), sofern er daran nicht durch ihm von seinen Obern aufgetragene anderweitige Dienstpflichten, und durch Erfüllung letzterer herbeigeführte grosse Ermüdung oder durch ernstliche Krankheit verhindert ist[75]). Nach dem Beginn des letzten Abendgottesdienstes (der Complete) bis zur ersten Morgenandacht (der Prime) soll jeder Bruder tiefes Schweigen beobachten, welches nur in Nothfällen gebrochen werden darf[76]). Ueber die Verrichtung von Gebeten, die Beobachtung heiliger Fest- und Fasttage u. s. w. enthalten besonders die Ordensstatuten viele ins Einzelne gehende Bestimmungen[77]).

Die Brüder sollen sich gegen einander friedfertig verhalten[78]), aber auch auf einander achten. Wer den andern auf einem Fehler ertappt, soll demselben solchen vorhalten; hilft dies nicht, so wiederhole er die Ermahnung in Gegenwart

[72]) Ordensregel Art. 62.
[73]) Münter S 27 fg. 357 fgg.
[74]) Ordensregel Art. 1.
[75]) Ebendas. und Art. 18.
[76]) Das. Art. 17.
[77]) S. überhaupt das dritte Buch der Ordensstatuten und vergl. auch die Regel Art. 2. 3. 4. 7. 60 u. a.
[78]) Ordensregel Art. 51.

eines hinzugezogenen dritten Bruders, und ist auch dieses ohne Erfolg, vor dem demnächst versammelten Convent [79]. — Die alten und schwachen Brüder sollen geachtet, rücksichtsvoll behandelt, und in Beziehung auf ihre leiblichen Bedürfnisse, so weit es sich irgend mit der Regel verträgt, minder streng gehalten werden [80]. Kranke Brüder werden in besondern Krankenzimmern sorgsam verpflegt [81]; nur der Meister kann, wenn er krank ist, verlangen, auf seinem Zimmer zu bleiben [82].

Alle Brüder haben ihre gemeinschaftliche Wohnung in den Häusern (Schlössern) des Ordens [83]. Sie speisen alle, den Meister und die übrigen Vorgesetzten nicht ausgenommen, an demselben gemeinschaftlichen Tische [84]. Während der Mahlzeit verliest ein Priesterbruder eine heilige Lection, damit die Brüder desto besser Stillschweigen beobachten [85].

Die Kleidung der Brüder soll einfach, von derselben Farbe — je nach den Classen: weiss, schwarz oder braun — und von grobem Zeuge (burellum) sein [86]; ebenso einfach die Herrichtung des Lagers zum Schlafen [87]. Jeder Bruder erhält seinen bezüglichen Bedarf aus den Vorräthen des Hauses [88]. Die abgelegten Kleidungsstücke werden, sobald sie durch neue ersetzt sind, den Brüdern niederer Classe gereicht oder unter die Armen vertheilt [89]. Aehnlich wird es mit der kriegerischen

---

[79] Das. Art. 71.
[80] Das. Art. 63.
[81] Das. Art. 52. 53. Statuten B. V. Tit. 4.
[82] Statuten a. a. O. § 2.
[83] Ueber eine Ausnahme s. oben Anm. 62.
[84] Ordensregel Art. 8. Die Ordensstatuten B. V. Tit. 2 enthalten sehr detaillirte Vorschriften über den Tisch und die Mahlzeiten der Brüder im Convent, und im Tit. 3 besondere Bestimmungen über die Mahlzeiten im Felde. S. auch die Ordensregel Art. 10—16.
[85] Ordensregel Art. 8. 9. 17.
[86] Das. Art. 20. 23. 25.
[87] Das. Art. 70.
[88] Vergl. das. Art. 20. 24. 26 27.
[89] Das. Art. 20. 24.

Ausrüstung gehalten [90]). Das Haupthaar muss geschoren sein, auch der Bart kurz gehalten werden [91]).

Auch in ihren Vergnügungen waren die Brüder durch ihre Gelübde, namentlich das der Armuth, beschränkt. Die Jagd ist in der Regel untersagt, namentlich die mit Stossvögeln; ja ein Bruder durfte nicht einmal einen Dritten, der mit einem Stossvogel auf die Jagd geht, begleiten [92]).

2. Die Ritterbrüder.

Die Ritterbrüder oder Ordensritter bildeten die erste, angesehenste, allein herrschende Classe der Ordensbrüder; aus ihnen allein gingen die höheren Ordensbeamten hervor.

Wer Ritter werden wollte, musste auf die an ihn gestellten Fragen eidlich versichern: 1) dass er aus rittersmässigem Geschlecht entsprossen, und dass sein Vater Ritter gewesen oder es doch hätte sein können [93]); 2) dass er in rechtmässiger Ehe erzeugt [94]) und 3) unverheirathet sei [95]); 4) dass er keinem

90) S. das Nähere im folgenden Abschnitt: die Ritterbrüder.
91) Ordensregel Art. 28. S. überhaupt die sehr ins Einzelne gehenden Vorschriften über die Kleidung und Ausrüstung der Brüder in den Ordensstatuten B. V. Tit. 1.
92) Ordensregel Art. 46 u. 47. In letzterem ist die Löwenjagd erlaubt. Ob wohl nach der Analogie dieser Bestimmung in Livland die Bären- und Wolfsjagd gestattet war? — Ueber die den Brüdern erlaubten und verbotenen Ergötzungen überhaupt s. die Statuten B. IV. Tit. 4.
93) Sowohl dieses, als auch die übrigen Erfordernisse zur Aufnahme in die erste Classe der Ordensbrüder, werden zwar nicht in der Ordensregel, sondern nur in den Statuten des Templerordens (B. I. Tit. 2), aufgeführt; allein sie sind so ganz in dem Geiste der Zeit gefasst, und stimmen so sehr mit dem für andere Ritter- und zum Theil für alle geistlichen Orden geltenden Vorschriften überein, dass kein Zweifel darüber aufkommen kann, dass sie seit den ältesten Zeiten beim Templerorden zur Richtschnur dienten. Vergl. Münter a. a. O. S. 33 Anm. **). Den Nachweis, dass namentlich das Erforderniss der Ritterbürtigkeit auch in Livland für die Schwertritter galt, s. in dem zweiten Excurs, am Schlusse dieser Abhandlung.
94) Ordensstatuten B. I. Tit. 2 § 6. B. V. Tit. 1 § 10.
95) Das. B. I. Tit. 2 § 1. Dass von diesem Requisit dispensirt werden konnte, ist bereits oben Anm. 62 angegeben worden.

andern Orden angehöre, noch irgend welche Weihen empfangen [96]),
5) keine Schulden habe, welche er nicht aus seinem Vermögen
bezahlen könne [97]); 6) dass er gesund und mit keiner geheimen
Krankheit behaftet sei [98]), endlich 7) dass er Niemand, namentlich keinem Templer, Geschenke zu dem Zweck zugewendet
oder verheissen habe, um durch dessen Vermittelung Mitglied
des Ordens zu werden [99]). Wurden alle diese Erfordernisse als
vorhanden erkannt, so musste der Candidat die Ordensgelübde
ablegen [100]), und wurde dann in dem versammelten Capitel
feierlich in den Orden aufgenommen, indem ihm der Meister
den Mantel der Ritterbrüder um den Hals legte und mit einer
Schnur befestigte [101]). Uebrigens musste der Aufzunehmende
schon vorher die Ritterwürde erlangt haben, denn ein Ordensbruder konnte nicht zum Ritter geschlagen werden [102]).

[96]) Das. § 2 u. 6.
[97]) Das. § 3.
[98]) Das. § 4.
[99]) Das. § 5.
[100]) S. die darauf bezüglichen Fragen in den Statuten bei Münter
S. 36 fgg.
[101]) Ordensstatuten bei Münter S. 40. Zu den Feierlichkeiten gehört
noch, dass nach der Einkleidung der Ordenspriester den Psalm: „Ecce
quam bonum" und „das Gebet des heiligen Geistes" betet, jeder Bruder
aber ein „Vater unser." Sodann gab der Meister dem Aufgenommenen
den Friedenskuss. Münter S. 41 fg.
[102]) Ordensstatuten a. a. O. und Münter S. 40 Anm. **). Damit
verträgt sich nicht die vermuthlich auf einer Sage beruhende Erzählung
über die Ceremonie, welche bei der Aufnahme eines Schwertbruders (erster
Classe) angeblich beobachtet wurde. Sie begegnet zuerst bei dem wenig
zuverlässigen Dion. Fabricius (Livon. historiae compendiosa series, in
den Scr. rer. Livon. II, 445) und lautet nachstehend: „ — — Episcopus
Rigensis — — ecclesiam cathedralem Rigae sub titulo Assumtionis bea-
tissimae Virginis Mariae aedificavit, qui et Deiparam Virginem in Livoniae
patronam adoptavit. Hinc in usu erat apud fratres ordinis ensiferorum,
cum aliquis novitius in eorum reciperetur ordinem, eum initiando hoc modo.
Magister ipse ensem evaginatam tenens manibus, admonitione usus ad
eum, qui recipiendus erat, ad regulam ordinis illius, qua finita, eum in
dexterum humerum leviuscule percutiens, inculcando hunc sequentem
rithmum:

Jeder Ritterbruder erhielt vom Orden eine vollkommene
Rüstung, nebst Zubehör: Schild, Schwert, Lanze und Keule [103]).
Er hatte drei Pferde zu seinem Gebrauch und einen Knappen
zur Bedienung [104]). Die Rüstung musste gut und dauerhaft,
aber möglichst einfach sein, ohne jeden Schmuck und Zierrath [105]).
Die Kleidung bestand in einem langen, oben ausgeschnittenen
weissen Rock und dem die Ritterbrüder besonders auszeichnenden
weissen Mantel, auf dessen linker Brustseite die Tempelritter
ein rothes Kreuz führten, dessen unterer Arm länger war, als
die drei andern [106]). Auf dem weissen Mantel der Ritterbrüder
des Schwertordens dagegen war ein rothes Schwert und über
diesem das Kreuz der Templer angebracht [107]). Das Zeichen
des Schwertes sollte die Schwertbrüder nicht bloss von den
Tempelrittern unterscheiden, sondern auch zeigen, dass sie
letzteren nicht untergeben seien [108]).

> Dis Schwert entfange von meiner Handt,
> Zu schützen Gotts und Marien Landt."

Diese Erzählung ist auch in Th. Hiärn's Est-, Liv- und Lettländ.
Geschichte (in den Monum. Livon. ant. II, 74), in C. Kelch's Livländ. Hi-
storie (Rudolstadt, 1695. 4.) S. 54, in v. Blomberg's Description de la
Livonie S. 40 und in F. Hurter's Geschichte Innocenz's III. Bd. IV.
S. 386, übergegangen, verdient aber keinen Glauben, denn die beschriebene
Ceremonie ist keine andere, als die des Ritterschlages, dieser aber mit
der in dem Text angegebenen Bestimmung des Ordensstatuts unvereinbar.

[103]) Ordensstatuten B. V. Tit. 1. § 2.

[104]) Ordensregel Art. 30. 31.

[105]) Das. Art. 37. 38. S. auch die Statuten B. V. Tit. 1 § 26—28.

[106]) Ordensregel Art. 20 und 55, und Münter S. 366. Das rothe
Kreuz auf dem Ordensmantel wurde übrigens dem Orden erst vom Pabst
Eugen III. (1145—53), als Symbol des Märtyrerthums, verliehen. Wilken's
Geschichte der Kreuzzüge II, 558 fg. — Unter den Kleidungsstücken der
Tempelritter wird in den Statuten B. V. Tit. 1 § 2 auch noch ein ganz
weisser Waffenkittel, vorn und hinten mit dem rothen Kreuz bezeichnet,
aufgeführt. — Den verheiratheten Brüdern ist das Tragen des weissen
Rittermantels untersagt. Regel Art. 55.

[107]) Heinrich v. L. VI, 6. Ueber die mancherlei abweichenden Berichte in Betreff der Abzeichen auf den Mänteln der Schwertritter s. den
dritten Excurs.

[108]) Bulle Innocenz's III. vom 20. October 1210, U.-B. No. 16. 17.

3. Die Priesterbrüder.

Zur Aufnahme in die Classe der Priesterbrüder waren dieselben Requisite erforderlich, wie zu der der Ritterbrüder, mit Ausnahme nur des ersten und vierten, denn sie brauchten nicht ritterbürtig zu sein, mussten dagegen die Priesterweihe bereits empfangen haben [109]. Auch unter den Gelübden fiel das vierte, des Kampfes wider die Ungläubigen, wie es scheint, weg [110]. Der feierlichen Einkleidung ging das Beten der üblichen Psalmen voraus [111].

Das Ordenskleid, welches der Priester vom Meister empfing, bestand aus einem engen und geschlossenen weissen Rock mit dem rothen Kreuz auf der Brust. Der Bart der Priesterbrüder musste geschoren sein [112]. Sie hatten auf nichts Anderes Anspruch, als auf Speise und Kleidung [113]. Allein sie mussten von den übrigen Brüdern besonders geehrt werden, erhielten die besten Kleider des Ordens, sassen bei Tisch zunächst dem Meister und wurden zuerst bedient [114]. Kein Bruder darf einem andern, als einem Ordenspriester beichten, und nur von einem solchen die Absolution erhalten [115].

---

[109] Ordensstatuten B. I. Tit. 3. Ohne Zweifel mussten auch sie, wie die andern Cleriker im Ordensgebiete (s. unten Abschn. XI No. 6), zum Zweck der Weihe dem bezüglichen Diöcesanbischof präsentirt werden.

[110] Ordensstatuten a. a. O. Die Priesterbrüder leisteten ihre Gelübde in Lateinischer Sprache und legten dieselben dann schriftlich auf den Altar nieder. S. überhaupt Münter S. 372 fg.

[111] Statuten a. a. O. bei Münter S. 43 fg.

[112] Das. B. II. Tit. 14 § 1. — Ob auch die Priesterbrüder des Schwertbrüderordens ausser dem Kreuze ein Schwert als Abzeichen auf dem Kleide trugen, ist unbekannt, jedoch nicht unwahrscheinlich.

[113] Ordensregel Art. 4: „Capellani victum et vestitum tantum habeant. Alias vero oblationes et omnia eleemosinarum genera, quoquo modo fiant capellanis, — — unitati communis capituli reddere pervigili cura precipimus. Servitores itaque ecclesie victum et vestitum secundum autoritatem tantum habeant et nihil amplius habere presumant, ni magistri sponte charitative dederint.“ S. auch die Statuten B. II. Tit. 14 § 2.

[114] Ordensstatuten a. a. O. § 5.

[115] Das. § 6.

Von diesen Ordenspriestern, welche auf den Ordensschlössern und Häusern, sowie im Felde, bei den Mitgliedern des Ordens, als solchen, fungirten[116], sind wohl zu unterscheiden die Cleriker, welche als Pfarrer der im Ordensgebiete liegenden Kirchen angestellt waren, und nicht Ordensbrüder zu sein brauchten[117].

4. Die dienenden Brüder.

Die dienenden Brüder des Schwertordens werden in den einheimischen Chroniken und Urkunden als „servi fratrum militiae[118]", ihre Gesammtheit als „familia fratrum militiae"[119]) bezeichnet, wie sie denn bei den Templern „famuli" oder „fratres servientes" hiessen[120]. Bei ihrer Aufnahme wurden auch ihnen dieselben Fragen vorgelegt, wie den Ritterbrüdern, sie durften jedoch nicht ritterbürtig sein. Dagegen musste der Aufzunehmende bezeugen, dass er Niemandes Knecht oder Sclave sei[121]. Nach erfolgter Aufnahme mussten sie dem Orden eidlich Treue geloben[122].

Höchst wahrscheinlich zerfielen auch im Orden der Schwertbrüder, wie bei den Templern, die dienenden Brüder in zwei Unterabtheilungen: Brüder Wappener oder Knappen,

---

[116] Sie werden bei Heinrich v. L. (XIII, 2. XVIII, 7. XIX, 4) „sacerdotes fratrum militie" genannt. Dass sie in der That Ordensglieder waren, erhellt aus Heinrichs Erzählung XII, 5: „Eodem tempore misit Deus viros religiosos quam plures in Dunam, — — — quorum — — — quidam cum fratribus militie sancte conversionis habitum elegerunt." So unterscheidet auch die Urkunde des Legaten, Bischofs Wilhelm, vom August 1225 (U.-B. No. 74): „Clerici magistri, sive eiusdem religionis fuerint, sive non etc."

[117] S. unten Abschn. XI. No. 6.

[118] Heinrich v. L. XIII, 2. XXV, 3. 5.

[119] Das. XI, 3. XVI, 3. Bullen Innocenz's III. vom 20. October 1210 (U.-B. No. 16). Entscheidung des Legaten, Bischofs Wilhelm von Modena, vom 5. April 1226 (U.-B. No. 82.)

[120] Ordensregel Art. 21. Münter S. 389.

[121] Ordensstatuten B. I. Tit. 6. Münter a. a. O.

[122] Ordensregel Art. 61.

fratres armigeri, und Brüder Handwerker, fratres opifices [123]). Zu den ersteren gehörten vermuthlich auch die bei Heinrich von Lettland öfters erwähnten „Schützen und Armbrustirer der Brüder" [124]), zu den letztern, weniger angesehenen, die Schmiede, Köche, Bäcker und Hausdiener [125]).

Die Kleidung der dienenden Brüder bestand in einem Rocke (bei den Wappenern einem Waffenkittel) von dunkler, schwarzer oder brauner Farbe, bei den Templern mit dem rothen Kreuze [126]), zu welchem bei den Schwertbrüdern höchst wahrscheinlich auch in dieser Classe das Schwert hinzutrat. Jeder hatte ein Pferd zur Verfügung [127]), und die Brüder Wappener eine leichte Rüstung [128]). Letztere assen auch mit den Rittern und Priestern an einer Tafel [129]), und wurden von jenen in jeder Art als Brüder behandelt [130]). Aus ihnen erhielten die Ritterbrüder ihre Knappen. welche auf Kriegszügen ihnen voran ritten, ihr Gepäck und ihre Pferde führten [131]).

5. Die Mitbrüder des Ordens.

Ausser den bisher besprochenen eigentlichen Mitgliedern des Schwertbrüderordens konnten, wie es auch bei dem Orden

---

[123]) Ordensstatuten B. III. Tit. 1 § 6. B. IV. Tit. 3 § 7. Tit. 4 § 8 u. a. Vergl. auch die Ordensregel Art. 24. 30. 31, und Münter S. 392 fg.

[124]) Heinrich v. L. XXII, 5. XXVII, 2.

[125]) Ordensstatuten B. III. Tit. 1 § 6. Münter a. a. O.

[126]) Ordensregel Art. 20. 21. 24.

[127]) Ordensstatuten B. v. Tit. 1 § 23.

[128]) Ueber die verschiedene Bewaffnung der dienenden Brüder s. ebendas. B. V. Tit. 1 § 22. Tit. 3 § 12. 13. Münter S. 391.

[129]) Ordensregel Art. 10. Statuten B V. Tit. 2 § 16. Eigenthümlich ist die Bestimmung, dass die dienenden Brüder weniger Fleisch bekommen sollen, als die Brüder der höheren Classen.

[130]) S. überhaupt Münter S. 394 fg.

[131]) Das. S. 395 fg. Der Knappendienst konnte übrigens auch von ritterbürtigen Jünglingen geleistet werden, welche, ohne in den Orden zu treten, sich unter der Führung eines Ordensritters für das Kriegshandwerk ausbilden, vielleicht auch, nach Erlangung der Ritterwürde, die Aufnahme in den Orden suchen wollten. Vergl. die Ordensregel Art. 31.

der Templer der Fall war [132]), auch andere Personen, ohne alle
Gelübde zu leisten, als Mitbrüder, Confratres, der Wohlthaten
des Ordens theilhaft werden [133]). Zu diesen gehörten wahrscheinlich auch die ausnahmsweise vorkommenden verheiratheten
Brüder [134]). Bei der Aufnahme von Mitbrüdern wurde auf den
Stand der Aspiranten keine Rücksicht genommen. Ein Rigischer
Bürger hatte sogar das Recht, „sich in den Orden zu begeben",
wenn er sein sämmtliches bewegliches und unbewegliches Vermögen mit einbrachte [135]). Die Wohlthaten oder Vortheile,
welche dergleichen Mitbrüder genossen, bestanden vorzugsweise
in dem Besuche des Gottesdienstes in den Ordenskirchen,
namentlich im Falle eines Interdicts, der Beerdigung auf den
Kirchhöfen des Ordens, Abhaltung von Seelmessen u. dergl. [136]).
Vermuthlich war solchen Mitbrüdern auch unbenommen, zu
jeder Zeit aus der Mitgliedschaft wieder auszutreten [137]), was
dann aber wohl die Einbusse des etwa eingebrachten Vermögens
zur Folge hatte.

[132]) S. überhaupt M ü n t e r S. 400 fgg.
[133]) Von solchen Confratres des Schwertbrüderordens spricht ausdrücklich die Urkunde des Legaten, Bischofs Wilhelm, vom 5. April 1226
(U.-B. No. 82). Dahin sind wahrscheinlich auch die „Coadiutores fratrum,
qui — sub eorum vexillo fuerant" zu zählen, deren im Vertrage zu Stenby
vom 7. Juni 1238 (U.-B. No. 60) Erwähnung geschieht. Vergl. auch die
Bullen Gregors IX. vom 22. März 1236 und vom 10. August 1237 (U.-B.
No. 146 und 152), und A. B ü t t n e r in den Mittheilungen aus der Geschichte Livlands etc. XI, 12 fgg.
[134]) S. über diese oben Anm. 62 und 106.
[135]) Vergleich zwischen dem Schwertbrüderorden und der Stadt Riga
vom 18. April 1226 (U.-B. No. 2717): „Unicuique civium liceat, se transferre ad ordinem et collegium fratrum militie Christi, cum omnibus bonis
suis mobilibus et immobilibus, sic tamen, ut de areis, sicut dictum est,
respondeant civitati." Letzteres bezieht sich auf die der Stadt zu leisten-
den Reallasten. — Auch die freien Knappen (s. Anm. 131) können in diese
Kategorie von Mitbrüdern gehören.
[136]) M ü n t e r a. a. O. S. 401. 106 fg.
[137]) Vergl. die Ordensregel Art. 32: „Qualiter ad tempus remanentes
recipiantur."

VII.

Die Würden und Aemter im Orden.

1. Der Ordensmeister.

An der Spitze des Ordens stand der Ordensmeister, Magister fratrum militiae Christi, auch schlechthin Magister militiae. Obschon Heinrich von Lettland des ersten Meisters der Schwertbrüder, Wenno, erst beim Jahre 1208, mindestens vier bis fünf Jahre nach der Stiftung des Ordens, Erwähnung thut [138]), so unterliegt es doch keinem Zweifel, dass derselbe vom Anfange an dem Orden vorgesetzt war, da ein nach dem Muster der Templer gestifteter Ritterorden ohne Oberhaupt nicht wol denkbar ist [139]). Der Meister wurde von den Ordensbrüdern aus der Zahl der Ordensritter gewählt [140]); einer Bestätigung

[138]) Heinrich v. L. XII, 6.

[139]) Auch lässt sowohl die Reimchronik (Vers 626), als auch Hermann von Wartberge (Scr. rer. Pruss. II, 23 fg.) und die Hochmeisterchronik (Cap. 141. Scr. rer. Pruss. V, 73) den Meister sofort nach der Stiftung des Ordens gekoren werden. Auf unrichtigen Voraussetzungen gebaut und auch sonst unhaltbar ist die Annahme A. von Richter's (Geschichte der Ostseeprovinzen I, 88 fg.), der Bischof Albert habe selbst ursprünglich unmittelbar an der Spitze des Ordens gestanden und ein besonderer Meister sei erst später gewählt worden. S. dagegen und überhaupt H. Hildebrand, die Chronik Heinrichs v. L. S. 60, und Th. Kallmeyer in den Scr. rer. Livon. I, 733.

[140]) Nur über eine der beiden Meisterwahlen, die überhaupt beim Orden der Schwertbrüder vorgekommen sind, berichtet Heinrich v. L. XIII, 2, aber auch so kurz („Fratres — — sepulto — — magistro Wennone — — Volquinum in locum suum restituerunt"), dass über die Form der Wahl daraus gar nichts entnommen werden kann. Auch die Reimchronik (a. a. O. und Vers 748) und die Hochmeisterchronik (Cap. 149) enthalten darüber keinerlei Auskunft. So viel wird man jedoch annehmen dürfen, dass bei diesen Wahlen die weitläufigen und complicirten Formalitäten, welche die Statuten des Templerordens B. II. Tit. 1. für die Wahl des Grossmeisters vorschreiben, in Livland nicht befolgt worden sind; ja bei den einfachen und weit beschränkteren Verhältnissen des Ordens der Schwertbrüder deren Beobachtung kaum möglich war. Im Uebrigen müssen die Bestimmungen der Statuten und besonders der Ordensregel über die Stellung des Grossmeisters (unten Anm. 143 und 147—150) als auf den Meister der Schwertbrüder vollkommen anwendbar angesehen

der Wahl bedurfte es nicht [141]). Seine Residenz hatte er in
Riga [142]). Er hatte vier Pferde, die er sich auswählen konnte,
zu seiner Verfügung, und einen ritterbürtigen Knappen zur Bedienung [143]). Auch war ihm, wie dem Grossmeister der Templer,
ein Ordenspriester, Capellan, zugeordnet [144]), welcher vermuthlich
auch das Amt eines Secretärs oder Canzlers [145]) wahrnahm,
und das Ordenssiegel bewahrte. Letzteres stellte die Em-
bleme des Ordens: das Schwert, über welchem das Kreuz
schwebt, dar, und hatte die Umschrift: (S.) D(omini) MAGISTRI
ET FR(atru)M MILICIE CRI(sti) [146]).

werden, so weit sie nicht auf Eigenthümlichkeiten des Templerordens
Beziehung haben. — S. auch noch C. G. v. Ziegenhorn, Staatsrecht
von Curland und Semgallen (Königsb. 1772.) § 12.
[141]) Was M. Brandis (Monum. Livon. III, 69) von einer Investitur
und J. Voigt (Geschichte Preussens I, 410) von einer Weihe des neu
gewählten Meisters durch den Bischof von Riga erzählen, ist auf nichts
gegründet. Von dem Abhängigkeitsverhältniss, in welchem der Ordensmeister zu den Bischöfen stand, und welches auf ganz andern Grundlagen
beruhte, wird weiter unten, im Abschnitt X. die Rede sein. Vergl. auch
Hildebrand a. a. O. S. 60.
[142]) F. C. Gadebusch (Livländ. Jahrbücher I, ?, 40), J. Voigt (a. a. O.
S. 417), A. v. Richter (Geschichte der Ostseeprov. I, 131), desgleichen
A. L. Ewald (die Eroberung Preussens I, 206) und C. Cröger (Geschichte Liv-, Est- und Curlands S. 32), verlegen den Sitz des Meisters
in das Schloss Wenden. Dieses war allerdings in der späteren Zeit, nach
der Vereinigung des Schwertbrüderordens mit dem Deutschen Orden,
Residenz des Meisters. Den Meister Volquin dagegen finden wir immer,
wenn er nicht im Felde oder auf Reisen sich befindet, in Riga, und dass
Wenno nicht in Wenden seinen beständigen Wohnsitz hatte, ersieht man
aus Heinrichs v. L. (XII, 6) Worten: „mittentes per noctem ad magistrum militie Christi in Wenden, Wennonem, qui tunc (also ausnahmsweise)
aderat." Auch würde dann nicht, wie wir später (Anm. 156 fgg.) sehen
werden, ein anderer höherer Ordensbeamter gleichzeitig in Wenden seinen
Sitz gehabt haben. S. auch Gruber, origines Livoniae p. 56 Not. d,
A. Hansen in den Verhandll. der Estn. Gesellschaft II, 3, 4, und Pabst
in der Uebersetzung Heinrichs v. L. S. 107 Anm. 28.
[143]) Ordensstatuten B. II. Tit. 2 § 1 u. 27.
[144]) Heinrich v. L. XIII, 2 u. die Reimchronik Vers 704.
[145]) Der Grossmeister des Templerordens hatte einen besonderen Se-
cretär. Statuten B. II. Tit. 2 § 1 und Münter S. 64 Anm. ****)
[146]) S. die Abbildung in dem dritten Excurse und in Hupel's neuen

Alle Brüder waren dem Meister Gehorsam schuldig [147]).
Der Meister übte zwar im Ganzen unumschränkte Gewalt aus,
musste jedoch in bestimmten wichtigeren Angelegenheiten den
Rath seines Conventes oder des Ordenscapitels einziehen [148]).
Zur Schatzkammer des Ordens hatte er keinen Schlüssel [149]).
Allein es war ihm gestattet, auswärtigen — d. h. nicht zum
Orden gehörigen — Personen Geschenke von mässigem Be-
trage an Geld, Waffen und Rüstungen, Pferden u. dergl. zu
machen [150]).

Im Kriege hatte er das Feldherrnamt nicht nur in Beziehung
auf die Ordensbrüder [151]), sondern er war — wenigstens seit
der Wahl des zweiten Meisters, Volquin, im Jahre 1208 —
auch Oberbefehlshaber des gesammten Christlichen Heeres in
Livland [152]).

nord. Miscellaneen Stück 17. Beschreibungen des Wappens in Hupel's
nord. Miscellan. Stück XXVII. S. 68 fg. und in C. E. Napiersky's Index
corp. histor.-diplom. Livoniae I, 7 Anm.**)
[147]) Ordensregel Art. 33 (oben Anm. 59). Ordensstatuten B. II.
Tit. 2 § 3.
[148]) Ordensregel Art. 59 (unten Anm. 173). Diese Bestimmung der
Ordensregel stimmt vollkommen mit der entsprechenden der Benedictiner-
Regel, Cap. 3, welche dem Abte monarchische Gewalt einräumt. S. auch
Münter S. 67 Anm.*) Dagegen stehen damit im grellsten Widerspruch die späteren Statuten der Templer. In diesen heisst es nämlich
im B. II. Tit. 2 § 3: „Alle Brüder des Tempels sollen dem Meister ge-
horchen; der Meister aber soll seinem Convent Gehorsam
leisten. § 4. In Allem, was der Meister nach dem Rathe des Convents
thut, soll er, wenn er nöthig hat die Brüder zu fragen, insgemein die
Brüder um ihre Meinung fragen, und thun, was der grössere Theil
gut heissen wird." Wann diese wichtige Wandelung vorgegangen,
dürfte wohl kaum zu ermitteln sein. Auf den Orden der Schwertbrüder
und dessen Meister war sie jedoch unstreitig von keinem Einfluss, da
für diesen die Ordensregel maassgebend war. S. oben S. 21.
[149]) Ordensstatuten B. II. Tit. 2. § 20.
[150]) Das. § 25—27. Ordensregel Art. 39.
[151]) Münter S. 439.
[152]) Heinrich v. L. XII, 2, wo es nach den in der Anm. 110 angeführten Worten heisst: „ Hic (scil. magister) postea, sive presente sive
absente episcopo, in omni expeditione exercitum Domini ducendo atque
regendo, preliabatur prelia Domini etc."

2. Die übrigen Ordensämter.

Es ist nicht daran zu denken, dass, während der kurzen Zeit des Bestehens des Ordens der Schwertbrüder und bei dessen im Ganzen weit beschränkteren Verhältnissen, sich in demselben bereits ein dem des Templerordens entsprechender Kreis von Beamten entwickelt haben sollte [153]). Ueber letztere finden sich in den Quellen nur vereinzelte gelegentliche Andeutungen, aus denen sich indess, unter Vergleichung der Einrichtungen der Tempelherren, ein ungefähres Bild der innern Organisation unseres Schwertbrüderordens herstellen lässt.

So finden wir:

1) einen Präceptor erwähnt, welcher nach dem Tode des Meisters Volquin wegen Vereinigung des Schwertbrüderordens mit dem Deutschen Orden unterhandelte [154]). Es entspricht diese Würde ohne Zweifel der des Grosscomthurs der Templer, dessen Amt nur während der Erledigung des Meisterthums bestand [155]).

2) Ein Ordensbruder Bertold wird bereits im Jahre 1208 „als gewissermassen der erste unter den Ordensbrüdern in Wenden" bezeichnet [156]), dann wiederholt Bruder Bertold von Wenden [157]), seit dem Jahre 1212 aber gewöhnlich „Bertoldus,

---

[153]) Vergl. auch Hildebrand a. a. O. S. 59 fg.

[154]) Bulle Gregors IX. vom 14. (12.) März 1237 (U.-B. No. 149): „— — — Preceptor et fratres militie Christi de Livonia pluries magistrum (hospitalis s. Marie Theutonicorum), ut eos suo incorporaret ordini, per nuntios et speciales litteras affectuose exorarunt. — — Nos igitur — — — volentes, ut eorum preceptoris et fratrum pium desiderium ad effectum veniat exoptatum, — — — ipsorum (i. e. fratrum hospitalis) ordini memoratos preceptorem et fratres — — — uniendum duximus."

[155]) Ordensstatuten B. II. Tit. 1. Münter S. 440 fg.

[156]) Heinrich v. L. XII, 6: „Bertoldus, frater militie de Wenden — — — Cum iam fratres militie essent habitantes in Wenden, miserunt Bertoldum, quasi primum de suis, ad placitum Letthorum cum Estonibus etc."

[157]) Das. XIII, 2. 5. XIV, 5. 10, XV, 1. 7. Auch noch XVII, 2. 7.

magister (auch magister militiae) de Wenden" genannt[158]). Nachdem er im Jahre 1217 in einer Schlacht gegen
die Oeseler und Russen geblieben war[159]), tritt ein Bruder Rodolf als „Meister von Wenden", also als Bertolds Nachfolger,
auf[160]). Dieser Rodolf wird aber auch schon bei Bertolds
Lebzeiten „magister fratrum militiae" genannt, und hatte damals,
wie es scheint, seinen Sitz zu Sygewalde[161]). Auch sonst erscheinen die Brüder von Wenden und von Sygewalde wiederholt als besondere Abtheilungen der Brüderschaft[162]), welche
demnach ihre besondern Vorgesetzten hatten, deren Analogie
mit den Provincialmeistern des Templerordens[163]) unver-
kennbar ist. Waren aber in dem zu der Rigischen Diöcese gehörigen Ordensgebiete zwei dergleichen Meister verordnet, so
darf man nicht ohne grosse Wahrscheinlichkeit annehmen, dass
auch die Ordensgebiete in den andern Diöcesen, der Dörpt'schen
und Oesel'schen, vielleicht auch in der Semgallen'schen und
Curländischen, sowie in dem zuletzt eroberten Estland, ihre Provincialmeister hatten[164]). Gegen das Ende des Bestehens des
Ordens wird

158) Das. XVI, 4. XX, 5.
159) Das. XX, 7.
160) Das. XXIII, 5. 6. 7. Der bereits in XXII, 5 erwähnte Magister
militiae de Wenden kann auch kein anderer, als Rodolf sein. Vergl. auch
Pabst's Uebersetzung S. 243 Anm. 7. Ueber die Bedeutung des Meisters
von Wenden s. auch noch unten Anm. 168.
161) Heinrich v. L. XVI, 3.
162) Das. XV, 3. XVI, 1. XXIII, 7. XXVII, 1.
163) Münter S. 444 fgg.
164) Dass Heinrich v. L. ihrer nicht erwähnt, spricht durchaus nicht
dagegen. Nennt er doch auch die Meister von Wenden und Sygewalde,
welche doch mindestens seit dem Jahre 1212 existirten, nicht oft und
nur gelegentlich, und mochten zu der Zeit, bis zu welcher seine Chronik
reicht, in den neu erworbenen Gebieten nur eben erst dergleichen Beamte
angestellt worden sein, deren Wirksamkeit zu gedenken er daher keine
Veranlassung fand. — Vergl. auch noch Gruber, orig. Liv. p. 56 Anm. d.
p. 87 Anm. b. p. 112 Anm. f.

3) auch ein Comthur von Wenden, Namens Reymunth, angeführt [165]). Dies ist aber vermuthlich nur eine andere Be-nennung für das Amt des Provincialmeisters, denn es ist wenig-stens sehr unwahrscheinlich, dass auf demselben Schlosse und in demselben Gebiete zwei höhere Würdenträger neben einander fungirten [166]).

4) Die Vorgesetzten auf den kleinern Ordensschlössern hiessen, wie es scheint, Pfleger; wenigstens geschieht in der Reimchronik dreier solcher Pfleger Erwähnung, welche — mit Namen Hartmut, Lupprecht und Marquard von Burbach — als Anführer der auf dem Schlosse Ascheraden gesessenen Ordens-brüder erscheinen [167]).

5) Dass der Schwertbrüderorden einen besondern Ordens-marschall, als Feldherrn, gehabt, muss bezweifelt werden, da ein solcher in den Quellen nirgends vorkommt, vielmehr der Ordensmeister in der Regel selbst als Heerführer auftritt [168]). Dagegen darf man wohl annehmen, dass, wie bei den Templern, so auch bei den Schwertbrüdern

6) sowohl ein Schatzmeister oder Tressler, als Ver-walter des Ordensschatzes [169]), als auch ein Drapier, dem die Anschaffung, Bewahrung und Austheilung der Kleidungsstücke

---

[165]) S. den sog. Bericht Hermanns von Heldrungen in den Mitthei-lungen aus der Geschichte Livlands XI, 86.

[166]) Vergl. auch Gruber, orig. Livoniae p. 57 Not. d.

[167]) Reimchronik Vers 660 fgg. 1493. 1505. 1736. 51. 75 fgg.

[168]) Zuweilen erscheint auch der Meister von Wenden als Anführer des Ordensheeres, und es scheint fast, dass er überhaupt während einer Abwesenheit oder sonstigen Verhinderung des Ordensmeisters dessen Stell-vertreter war (vergl. Heinrich v. L. XIII, 5. XIV, 5. 6. 10. XV, 1. XXIII, 5), nicht bloss als Heerführer, sondern auch als Unterhändler in den wichtigsten Angelegenheiten des Ordens (das. XII, 6. XIII, 5. XXIII, 6. XXIV. 2.

[169]) Statuten des Templerordens B. II. Tit. 6 § 2. Münter S. 441. Uebrigens war dieses Amt, wie bei den Templern, so wahrscheinlich auch bei dem Schwertbrüderorden, einem der Provincialmeister übertragen.

und Waffenrüstungen der Ordensbrüder oblag [170]), angestellt gewesen, da diese beiden Würden bei der Verlassung des Ordens
nicht gut fehlen durften.

7) Die in den Quellen öfters genannten Ordensvögte
sind nicht sowohl eigentliche Ordens-, als vielmehr Verwaltungs-
beamte, von denen daher weiter unten die Rede sein wird [171]).

VIII.
Ordensconvente und Capitel.

Die in demselben Hause oder Schlosse des Ordens wohnen-
den Brüder bildeten einen Convent, welchem der daselbst
residirende höchste Ordensbeamte — Meister, Pfleger — vorstand. Die Versammlungen der Brüder eines Convents, in
welchen Angelegenheiten des Ordens berathen und beschlossen
wurden, hiessen Capitel, und wurden, wie es scheint, nicht
regelmässig und zu bestimmten Zeiten gehalten, sondern so oft,
als sich eine besondere Veranlassung dazu herausstellte [172]).
Der Ordensmeister war nicht verpflichtet, alle Brüder seines
Convents zum Capitel zu versammeln, sondern konnte diejenigen
auswählen, welche er für die geeignetsten und umsichtigsten
hielt. Waren jedoch wichtigere Angelegenheiten zu berathen,
so musste er die gesammte Ordensbrüderschaft zu einem sogenannten Generalcapitel berufen [173]). Als dergleichen

[170]) Ordensstatuten B. II. Tit. 9. Münter S. 442.
[171]) S. unten Abschn. XI No. 3.
[172]) Ueber die Art der Berufung und die innere Einrichtung der Capitel selbst bei dem Templerorden ist wenig Zuverlässiges bekannt. S.
Münter S. 450 fgg.
[173]) Ordensregel Art. 59: „Non semper omnes fratres ad concilium
convocare iubemus, sed quos idoneos et concilio providos magister cogno-
verit. Cum vero de maioribus tractare voluerit, ut est dare communem
terram, vel de ipso ordine disceptare, aut fratrem recipere, tunc omnem
congregationem, si magistro placet, convocare est competens; auditoqur

wichtigere Angelegenheiten werden bezeichnet: die Aufnahme von Ordensbrüdern [174]), die Ernennung höherer Ordensbeamten [175]), die Veräusserung von Grundstücken [176]), die Unternehmung eines Feldzugs und die Schliessung eines Waffenstillstands oder Friedens [177]). Aber auch in diesen Fällen hatte das Capitel keine entscheidende Stimme; vielmehr war es dem Ordensmeister anheimgestellt, nach Anhörung des Capitels zu thun, was er für das Beste und Zweckmässigste erachtete [178]).

IX.
Das Ordensgebiet.

Die Livländische Reimchronik [179]), die Chronik Hermanns von Wartberge [180]) und die Deutsche Hochmeisterchronik [181]), sowie die grosse Zahl der ihnen folgenden Chronisten [182]), lassen gleich bei der Stiftung des Ordens, sei es durch den Pabst oder

communis capituli consilio, quod melius et utilius consideraverit, illud agatur."

[174]) Das. und Statuten B. II. Tit. 2 § 10.
[175]) Statuten a. a. O. § 6. Hierher gehört auch die Wahl eines Ordensmeisters, welche von dem Präceptor geleitet wurde.
[176]) Das. § 7 und Ordensregel Art. 59.
[177]) Das. § 8.
[178]) Ordensregel Art. 59 a. E. (oben Anm. 173). Ueber die abweichenden Bestimmungen der Ordensstatuten s. oben S. 36. Anm. 148.
[179]) Vers 601—604. S. unten Anm. 196.
[180]) Scr. rer. Pruss. II, 23, wo er, nach der in der Anm. 11 citirten Stelle hinzufügt: „quibus tertiam partem totius diocesis deputavit."
[181]) Cap. 140. S. unten Anm. 197. Hiernach erscheint sogar das ganze in Livland eroberte Gebiet dem Orden zugesprochen!
[182]) S. z. B. Joh. Dlugossus hist. Polon. (ed. Lips. L. VI. pag. 600, ad annum 1200), B. Rüssouw (Scr. rer. Livon. II, 12), J. Renner's Historien (S. 26), M. Brandis (Monum. hist. Liv. III, 68), F. Nyenstedt (das. II, 20), D. Fabricius (Scr. rer. Livon. II, 145) u. a. Selbst Neuere, wie H. v. Jannau (Geschichte von Liv- und Estland I, 48), F. Hurter (Geschichte Innocenz's III. I, 299 und IV, 386 fg.) und J. Voigt (Geschichte Preussens I, 410) stimmen diesen Nachrichten bei.

den Bischof Albert, die Bestimmung treffen, dass dem Orden
der dritte Theil — oder überhaupt ein Theil — des zu erobernden Landes erblich als Eigenthum zufallen solle. Glaubwürdiger
und richtiger — weil durch urkundliche Nachrichten unterstützt
— ist die Erzählung Heinrichs von Lettland [188]), dass erst im
Jahre 1207, also einige Jahre nach der Stiftung, als die Zahl
der Ordensbrüder gewachsen war, diese, als Belohnung für ihre
„Arbeit", von dem Bischof Albert die Ueberlassung des dritten
Theils sowohl des eroberten, als auch des noch zu erobernden
Landes forderten.

Es liegt nicht in der Aufgabe dieser Blätter, die vielen
und weitläufigen Verhandlungen, welche von da ab über die
Theilung des Landes von dem Bischof Albert sowohl, als von
den übrigen Bischöfen, mit dem Orden angeknüpft wurden, in
ihrem Verlaufe und ihren Ergebnissen einzeln zu verfolgen [184]).
Vielmehr kommt es hier nur darauf an — ohne Rückblick auf
die Zwischenverhandlungen und den Austausch kleinerer Land-
striche, Burgen etc. — im Grossen und Ganzen nachzuweisen,
wie der Orden allmählich durch Theilungen mit den Bischöfen,
zuletzt durch einseitige Eroberung, den umfassenden Landbesitz
erwarb, welchen er zur Zeit seiner Auflösung beherrschte.
Auch sollen hier zunächst nur die factischen Ergebnisse dargestellt, die Untersuchung über die Rechte des Ordens an dem
dergestalt erworbenen Lande und sein bezügliches Verhältniss
zu den Bischöfen, sowie zu dem Deutschen Reiche, einem
spätern Abschnitte vorbehalten werden [185]).

Bischof Albert und der Orden brachten, da sie sich darüber
nicht einigen konnten, die Theilungsfrage vor den Pabst Inno-

---

[183]) XI, 3. Vergl. dazu H. Hildebrand a. a. O. S. 63 fgg.

[184]) Der Gegenstand ist überdies in der Hauptsache eingehend und
mit vieler Gründlichkeit behandelt worden in den oben S. 2 angeführten
Schriften von A. Hansen und besonders von Hildebrand.

[185]) S. unten Abschn. X.

cenz III., welcher im Jahre 1210 dem Orden von dem bereits
eroberten Lande — der Liven und Letten — den dritten Theil
zusprach; wegen der noch zu erobernden Länder sollte sich
der Orden mit den dort seiner Zeit zu ernennenden Bischöfen
abfinden, übrigens unter Vorbehalt weiterer päbstlicher Anordnung[186]). Demgemäss wurde zunächst die Theilung Liv- und
Lettlands vorgenommen, von welchem dem Orden das Drittheil
am linken Ufer der Aa bis zur Düna zufiel[187]). Nach Errich-

[186]) Bulle Innocenz's III. vom 20. Octbr. 1210: „— — — Cum inter
te et fratres mil. Chr. super sorte terrarum, que — — nuper sunt ad
cultum fidei Christiane converse, — — controversia verteretur, — — —
ad hanc concordiam devenistis, ut videlicet fratres tertiam partem
earundem terrarum, Lettie scilicet et Livonie, teneant a Rigensi episcopo.
— — — — De terris, quas a modo extra Livoniam seu Lettiam — —
dicti fratres acquirent, Rigensi episcopo minime respondebunt, — — sed
cum episcopis, creandis ibidem, quoquo rationabili modo component, vel
observabunt, quod apostolica sedes super hoc providerit statuendum." Das
Land der Liven und Letten wird hier deutlich als bereits bekehrt (que
sunt converse), mithin auch erobert, vorausgesetzt, wie auch durch
den Gegensatz: „de terris, quas a modo acquirent" nur bestärkt wird.
Anderer Ansicht ist Hildebrand S. 75, dem auch Rathlef S. 3 bei-
stimmt, indem er behauptet, dem Orden sei in der Bulle „ein Drittel des
ganzen Liven- und Lettenlandes, ohne Rücksicht darauf, ob dasselbe schon
unterworfen oder nicht", zugestanden worden.

[187]) Heinrich v. L. XIII, 3. — Der Umstand, dass bei dieser Gelegenheit das am untern Theile der Düna belegene Land, namentlich
auch die Stadt Riga, nicht zur Theilung kam, hat zu mancherlei Hypo-
thesen Anlass gegeben. S. Hansen in den Verhandll. der Estn Ges.
a. a. O. S. 2 fgg. und besonders Hildebrand S. 66 fgg. Sollte der
Grund nicht darin zu suchen sein, dass jenes Gebiet bereits früher, ohne
Mitwirkung des Ordens, erobert war, und nur das mit diesem gemeinschaftlich erkämpfte Land bei der Theilung in Frage stand? Darum fan-
den wol auch die später von dem Orden auf einen Antheil an jenem Gebiete und namentlich an der Stadt Riga (Bulle v. 10. Octbr. 1213, U.-B.
No. 27) erhobenen Ansprüche keine Berücksichtigung. Urk. des Legaten,
Bischofs Wilhelm, vom 20. April 1226, U.-B. No. 84. Hatten doch die
Schwertbrüder selbst die Zutheilung von Land „als Lohn für ihre Arbeit"
in Anspruch genommen (Heinr. v. L. XI, 3), und wird nicht dieser Ge-
sichtspunkt des „Lohns" wiederholt in den Quellen betont? Urk. des
Legaten Wilhelm vom 11. April 1226 und des Bischofs Nicolaus von Riga
vom 9. August 1231, U.-B. No. 83 und 109. Vergl. Phil. Schwartz,

tung des Bisthums Dorpat wurde von diesem im Jahre 1224
dem Orden die Hälfte, und zwar der westliche Theil, die Landschaften Sackala, Nurmegunde, Mocha und halb Wayga um-
fassend, zugetheilt [188]). Bei der Gründung des Bisthums Oesel
im Jahre 1228 erhielt der Orden von diesem den dritten Theil
zugesprochen [189]), welcher sich auf Theile der Inseln Oesel und
Moon, sowie auf einen Theil der Wiek erstreckte [190]). Auch
von den Bisthümern Semgallen [191]) und Curland [192]) wurde dem

·Curland im dreizehnten Jahrhundert (Leipzig 1875. 8.) S. 27. 36. 55. —
S. auch noch unten Anm. 242.

[188]) S. die Urk. vom 23. und 24. Juli 1224, U.-B. No. 62 und 63, und
dazu Hildebrand S. 128 Anm. 1.

[189]) Urkunden vom 29. Juni 1228 und vom 23. März 1235, U.-B.
No. 99, a und 141, e.

[190]) Mehrere Vergleiche mit genaueren Bestimmungen gehören nicht
hierher, da sie erst mit dem Deutschen Orden abgeschlossen wurden.

[191]) Die Verleihungsurkunde ist nicht mehr vorhanden; dass aber der
Orden Besitzungen in Semgallen hatte, bezeugt 1) eine Bulle Honorius' III.
vom 10. December 1226 (in Strehlke, Tabulae ordinis Theuton. No. 240;
s. auch U.-B. Regesten Bd. III S. 6 No. 104, a u. Bd. VI S. 6 No. 108, b);
2) das Privilegium Kaiser Friedrichs II. vom Septbr. 1232 (U.-B. No. 127),
in welchem er unter den dem Orden bestätigten Besitzungen ausdrücklich
mit aufführt: „partem terrae, quam possident in Semigallia et Curonia."
Dass ferner der Antheil des Ordens ein Drittheil von Semgallen betrug,
ergiebt sich 3) aus der Urkunde vom 3. März 1251 (U.-B. No. 219), durch
welche das Bisthum Semgallen aufgehoben und zur Rigischen Diöcese
geschlagen wird: „excepta tertia parte eiusdem Semigallie,
quam fratres domus s. Marie Theutonicorum (unstreitig als Rechtsnach-
folger der Schwertbrüder) cum decimis et omni iure et iurisdictione temporali possident et hactenus possiderunt." G. Rathlef a. a. O. S. 43
und 66 giebt fälschlich an, der Orden habe ein Drittheil von Semgallen
erst durch diese Urkunde erhalten, während dieselbe ihn das bisher
besessene Drittheil behalten lässt. Unsicher und ungenau ist hier
Ph. Schwartz a. a. O. S. 18 fg. Vergl. auch noch A. Büttner in den
Mittheill. aus der Gesch. Livlands XI, 7.

[192]) Auch hier fehlt die Verleihungsurkunde. Allein in der Urk. des
Legaten, Bischofs Wilhelm von Sabina, vom 7. Febr. 1245 (U.-B. No. 181)
heisst es: „Sane quidem religiosi viri, qui milites Christi vocabantur,
quandam partem Curonie seu Curlandie de paganorum manibus eruentes,
cum bone memorie Eyngelberto, episcopo ibidem instituto a nobis, talem

Orden je ein Drittheil eingeräumt; über die Zeit der Theilung, sowie über Lage und Gränzen dieser Drittheile lässt sich jedoch Genaueres nicht feststellen. Dergestalt war der Orden in den Besitz von mehr als einem Drittheil — etwa 36 % — des eroberten Landes gelangt, während nicht volle zwei Drittheile unter fünf Bischöfe vertheilt waren. Aber noch mehr: im Jahre 1227 entriss der Orden den Dänen die Estnischen Landschaften Harrien, Wierland und Jerwen, von denen er keinem Bischof etwas abgab [198]), und erweiterte dadurch sein Territorium zu einem Umfange, welcher dem der sämmtlichen Bischöfe zusammengenommen nahe kam, und von dem Finnischen Meerbusen und der Narowa bis über die Düna hinaus, in meist geschlossenen Gränzen, sich erstreckte. Legen wir die heutige politische Eintheilung der Ostseeprovinzen zum Grunde, so beherrschte der Orden der Schwertbrüder zu Ende des dritten Jahrzehends des dreizehnten Jahrhunderts:

den Harrischen Kreis, ungefähr . . . . 100 geogr. Qu.-Meilen	
„ Wierischen „ ., ... 95 „ „	
„ Jerwischen „ „ . . . . 45 „ „	
ein Drittheil von Oesel und der Wiek . 65 „ „	
den Pernau-Fellin'schen Kreis . . . . 145 „ „	
„ Wenden'schen Kreis grösstentheils . 130 „ ,,	
in Semgallen ungefähr . . . . 60 „ „	
in Curland „ . . . . . . 90 „ „	

In Allem ungefähr 730 geogr. Qu.-Meilen.

<hr>

compositionem iniisse dicuntur, ut eis tertia pars terre, et duc partes episcopo, qui esset pro tempore, deberentur." S. auch das in der Anm. 191 angeführte Privilegium Kaiser Friedrichs II. vom Jahre 1232, Th. Kallmeyer in den Mittheilungen IX, 190 fg. und Ph. Schwartz a. a. O. S. 45 fg., auch Büttner l. c. und G. Rathlef S. 42.

[193]) S. hierüber G. von Brevern, Studien zur Geschichte Livlands etc. I, 138 fgg. und besonders die lichtvolle Darstellung in R. Hausmann, das Ringen der Deutschen und Dänen etc. S. 65 fgg.

Dagegen umfassten die Territorien der Bischöfe
von Riga: den Rigischen und Stücke vom Wenden-
schen Kreise, ungefähr . . . . 260 Qu.-M.

„ Dorpat: den Dorpater Kreis, ungefähr . . . 170 „

„ Oesel: zwèi Drittheile von Oesel und der Wiek,

ungefähr . . . . 140 „

„ Semgallen, ungefähr . . . . 120 „

„ Curland, ungefähr . . . . 180 „

Zusammen ungefähr 870 Qu.-M.

Der Orden war mithin im Landbesitz dem Bischof von
Riga fast um das Dreifache, denen von Dorpat und Curland
um mehr als das Vierfache, dem Bischof von Oesel um das
Fünffache und dem von Semgallen um das Sechsfache über-
legen.

X.

Verhältniss des Ordens nach Aussen.

1. Verhältniss zu den Bischöfen.

a) im Allgemeinen.

Der Hauptunterschied in der politischen Stellung zwischen
dem Orden der Templer und dem der Schwertbrüder bestand
darin, dass jener von jeder bischöflichen Gerichtsbarkeit eximirt [194], dieser dagegen — selbst rücksichtlich seiner weltlichen
Gewalt — den Diöcesanbischöfen untergeordnet war. Sobald
daher der Schwertbrüderorden zu einiger Macht gelangt war,
ging sein Hauptstreben dahin, sich von dieser Abhängigkeit zu
befreien. Dieses Streben führte bald zu gegenseitigen Intriguen,
dann zu Zerwürfnissen, und, nach Vereinigung des Schwert-

---

[194] Ueber die betreffende Bulle Pabst Alexanders III. vom Jahre 1172,
besonders aber mehrere Bullen Innocenz's III. s. Münter, Statutenbuch
S. 473 fgg., 478. 484 fgg.

brüderordens mit dem mächtigen Deutschen Orden, zum förm-
lichen Bruch. Denn dem letztern, der bis dahin gleicher
Exemtion mit dem Templerorden sich erfreute, war in Beziehung auf seine Livländischen Besitzungen die Abhängigkeit
von den Bischöfen, wie sie bis dahin bestanden, zur Bedingung
der Vereinigung gemacht worden [195]). Fast ununterbrochene innere
Fehden und langwierige Rechtsgänge vor Kaiser und Pabst bilden
daher mehr als zwei Jahrhunderte hindurch den Hauptinhalt der
äusseren oder politischen Geschichte Livlands. Diese Ereignisse
— deren genauere Schilderung auch nur für die Dauer des Bestehens des Schwertbrüderordens nicht hierher gehört — werden
hier nur berührt, um daran die Bemerkung zu knüpfen, dass
besonders die Ordenschroniken, offenbar in der Absicht, die
ursprüngliche Unabhängigkeit des Ordens von den Bischöfen,
ja die Superiorität des erstern über.die letztern zu begründen,
das gegenseitige Verhältniss der Parteien falsch, ja geradezu
umgekehrt, darstellen. Dies geschieht insbesondere durch die
Behauptungen, der Orden habe gleich bei seiner Stiftung seinen
Landestheil zu ewigem freiem Eigenthum erhalten, sei in den
(unmittelbaren) Schirm des päbstlichen Stuhles genommen
worden [196]), ja, der Bischof Albert sei gleich bei Stiftung des
Ordens als Mitglied in denselben eingetreten [197]).

[195]) In der bezüglichen Bulle vom 14. (12.) Mai 1237 (U.-B. No. 149)
sagt Gregor IX.: „— — — statuentes, ut ipsi et ceteri fratres predicti
hospitalis s. Marie Theutonicorum, qui pro tempore fuerint in Livonia,
sicut hactenus, sub diocesanorum et aliorum prelatorum iurisdictione
consistant."

[196]) In der Reimchronik werden, nach der in der Anm. 10 angeführ-
ten Stelle, dem Pabste folgende Worte in den Mund gelegt:
Vers 601: „Den gebe man lute und lant
Das dritte teil in die hant
Nach rechte vrilichen
Vor eigen ewichliken.
Die suln in des stules schirme sin,
Aller pobeste und min."

[197]) Die Hochmeisterchronik Cap. 140 (139) besagt nach den in der

Das Verhältniss des Ordens zu den Bischöfen, wie es von dem Zeitgenossen Heinrich von Lettland berichtet und urkundlich bestätigt wird, gestaltete sich vielmehr ganz anders. Darnach erhielt der Orden seinen Antheil an Land als bischöfliches Lehn und müsste den Bischöfen Gehorsam leisten [198]. Und zwar galt dies nicht bloss von der ersten Verleihung seitens des Bischofs Albert von Riga, sondern ebenso von den Bischöfen

Anm. 11 abgedruckten Worten: „Ende de biscop ghinc selve vlusch mede in der oirden, ende veel goeder ridder mannen unde veel luden gingen in deser oirden, und de paeus gaff ende bestedichte desen oirden alle dat lant ende lude, dat in Lifflant was aengewonnen, of dat sy of hoir naecomelinge noch aenwinnen souden, dat se dat ton ewigen dagen als vry gront erffheeren souden besitten etc.‟ Diese gefälschte Darstellung der Sache ist — zum Theil wörtlich — übergegangen in die Chroniken von Waissel (Bl. 55, b), Russouw (Scr. rer. Livon. II, 12), Fabricius (das. S. 445), Brandis (Monum. Livon. III, 68) und Kelch (S. 54). Unter den Neuern haben G. Merkel (Die Vorzeit Livlands I, 353. 266 fgg.) und sogar H. v. Jannau (Geschichte von Livland S. 48) dieser Ansicht gehuldigt. — Vorsichtiger, als die Hochmeisterchronik, drückt sich Hermann von Wartberge (Scr. rer. Pruss. II, 23) aus, aber auch er lässt sich eine Fälschung zu Schulden kommen, indem er das richtige Verhältniss zwischen Bischof und Orden verschweigt. S. auch Strehlke in den Scr. a. a. O. Anm 3.

[198]) In den Bullen Innocenz's III. vom 20. Octbr. 1210 (U.-B. No. 16 und 17), welche das Verhältniss zwischen dem Bischof von Riga und dem Orden regeln, können die Worte: „ut videlicet ipsi fratres tertiam partem earundem terrarum — — teneant a Rigensi episcopo‟ (s. oben Anm. 186), nur von Ueberlassung durch Belehnung verstanden werden, wie die unmittelbar darauf folgenden Bestimmungen über das „temporale servitium‟ über allen Zweifel erheben. Damit steht auch durchaus nicht im Widerspruch der Bericht Heinrichs v. L. XI, 3: „Et quia ipse (episcopus) Livoniam cum omni dominio et iure ab imperatore receperat, eis suam tertiam partem cum omni iure et dominio reliquit.‟ Unter dem dominium et ius ist hier zwar unbedenklich Landesherrlichkeit und (darin begriffene) Gerichtsbarkeit zu verstehen (s. unten Abschn. XI.); allein Beides hatte ja Bischof Albert selbst von Kaiser und Reich nur in der Form des Lehns empfangen; er konnte daher auch kein grösseres Recht, als er selbst hatte, und dieses in keiner andern Form, als in der er es erhalten, auf den Orden übertragen. Die von Hildebrand a. a. O. S. 77 aufgeworfenen Zweifel und gegen Heinrich's Wahrhaftigkeit gerichteten Vorwürfe erscheinen hiernach durchaus unbegründet. — Schliesslich muss noch bemerkt werden, dass es nicht an urkundlichen Zeugnissen

von Dorpat [199]) und von Oesel [200]), und sonder Zweifel auch von denen von Semgallen und von Curland [201]). Auch wurde

fehlt, in welchen zur Bezeichnung des gegenseitigen Verhältnisses zwischen Bischof und Orden geradezu das Wort „feudum" gebraucht wird. So heisst es in der Urk. des Legaten, Bischofs Wilhelm von Modena, vom December 1225 (U.-B. No. 75): „— — qui sunt de iurisdictione episcopi, vel aliorum, qui ab episcopo feudum tenent, ut magister, prepositus et alii etc." S. auch G. Rathlef a. a. O. S. 3 und unten Anm. 200. — Ueber die dem Bischof zu leistende obedientia s. unten S. 51 fg.

[199]) In den bezüglichen Urkunden vom 23. und 24. Juli 1224 (U.-B. No. 62 und 63) wird für das Rechtsverhältniss des Ordens zu dem ihm abgetretenen Gebiete derselbe Ausdruck: „teneant" gebraucht, wie in der in der Anm. 193 angeführten Bulle vom 10. October 1210, deren Bestimmungen überhaupt dieser Landestheilung und Verleihung zum Grunde liegen. S. auch noch die Entscheidung des Legaten, Bischofs Wilhelm, vom August 1225 (U.-B. No. 74) und Hildebrand a. a. O. S. 127 fgg. Rathlef l. c. S. 10 fgg.

[200]) Die Urkunde des Bischofs Gottfried von Oesel vom 29. Juni 1228 (U.-B. No. 99, a) stimmt mit der Dorpater vom 24. Juli 1224 (U.-B. No. 62) in der betreffenden Stelle wörtlich überein. Sehr bestimmt aber spricht sich aus die Urkunde seines Nachfolgers, Bischof Heinrichs, vom 23. März 1235 (U.-B. No. 141, a): „Inspecto — rescripto — — Innocentii pape tertii (v. 20. Octbr. 1210), in quo continebatur expresse, quod fratres militie Christi de Livonia possent cum creandis episcopis de terris suarum diocesum concordare, recipiendo ab ipsis episcopis in feudum partem, secundum quod convenerit inter eos; intellecto insuper, quod antecessor noster, episcopus Godefridus, tertiam partem Osilie predictis fratribus in feudum concesserit; nos — — — — predictis fratribus dictam partem concessimus et modis omnibus confirmamus." S. auch G. Rathlef S. 13 fg. und besonders A. Büttner in den Mittheilungen XI, 6 fg., welcher die abweichende Ansicht G. von Brevern's (Studien zur Geschichte Livlands etc. S. 171 und 175) widerlegt. — Ueber die grösseren Rechte, welche im Jahre 1238 der Deutsche Orden an dem ihm überlassenen Antheil der Wiek erhielt, s. Ph. Schwartz, Curland im dreiz. Jahrh. S. 68 fg. und G. Rathlef a. a. O. S. 37 fgg.

[201]) Da die Bischöfe von Semgallen und von Curland dem Orden je ein Drittheil ihrer Diöcesen überliessen (s. oben Anm. 191 und 192), so ist gar kein Grund zu der Annahme vorhanden, dass dies unter anderen Bedingungen, als von den andern Livländischen Bischöfen, geschehen, zumal noch bei der Auflösung des Ordens das Abhängigkeitsverhältniss des Ordens ganz allgemein vom Pabste anerkannt ward (Anm. 195). Für Semgallen spricht schon die oben Anm. 191 angezogene Nachricht, dass der Orden seinen Antheil daran „cum omni iure et iurisdictione temporali" besass. Dass in der Folge das Bisthum Curland in ein anderes

dieses Verhältniss nicht, wie Einige meinen [202]), durch die dem Orden ertheilten kaiserlichen Schutzbriefe und Privilegien aufgehoben oder auch nur geändert [203]). Vielmehr wurde dasselbe noch bei der Einverleibung des Schwertbrüderordens in den Deutschen Orden auf letztern ausdrücklich übertragen [204]) und von demselben noch später wiederholt anerkannt [205]). Erst im Jahre 1366 leistete der Erzbischof von Riga auf seine Lehns-

Verhältniss zum Deutschen Orden trat, beweist nichts dagegen; denn dies beruhte auf ganz anderen, erst später eingetretenen Verhältnissen. Vergl. noch Büttner in den Mittheilungen XI, 3 fgg. und Rathlef l. c. S. 42 fg.

202) Schon C. S. Schurzfleisch (de ordine, qui dicitur ensiferorum Cap. 5), W. C. Friebe (Handbuch der Geschichte Livlands I, 119 fg.), besonders aber A. v. Richter (Geschichte der Ostseeprovinzen I, 130 fg.).

203) Ueber die Bedeutung dieser Privilegien s. unten die No. 2 dieses Abschnitts.

204) Bulle Gregors IX. vom 14. (12). Mai 1237 (U.-B. No. 149, oben Anm. 195). Rathlef a. a. O. S. 32 fgg. legt besonderes Gewicht auf die Worte der Bulle: „et aliorum prelatorum", und baut darauf Schlüsse, welche als unbegründet erscheinen, wenn man beachtet, dass jene Worte nichts anderes sind, als einer der in päbstlichen Bullen jener Zeit so gewöhnlichen gedankenlosen Pleonasmen.

205) In der Urk. Erzbischof Alberts vom 12. December 1254 (U.-B. No. 3024, b) heisst es namentlich: „Habito diligenti tractatu hinc inde, in talem formam concorditer est conventum, quod dictus frater Theodericus (de Grunyngen, Deutschmeister, früher Livländischer Ordensmeister) nobis, archiepiscopo Rigensi et Osiliensi episcopo, presentibus, et Tharbatensi episcopo, licet absenti, cuilibet nostrorum pro suo episcopatu, obedientiam, quam magister de Lyvonia nobis, iuxta continentiam litterarum, super ea hinc inde confectarum, facere debet et tenetur, et quam ipse, olim in dictis partibus magister existens, ac post eum sui successores, dominis Rigensi, Osiliensi ac Tharbatensi episcopis, eo tempore presidentibus, fecerunt publice, in capitulo fratrum predicatorum loci Sennonensis fecit." Wenn also noch die Livländischen Meister Deutschen Ordens die Verpflichtung anerkannten, jedem der drei Bischöfe „obedientiam publice facere", so hat diese Verpflichtung vollends für den Meister der Schwertbrüder gegolten. — Am 28. März 1264 (U.-B. No. 2745) bezeugen die Aebte von Dünamünde und Falkenau: „quando magister Conradus domus Theutonicorum per Livoniam coram reverendis in Christo patribus et dominis Adberto), Rigensi archiepiscopo, et A(lexandro), Tarbatensi episcopo, et domino G., decano Osiliensi, procuratore domini Osiliensis episcopi, presentibus etiam preposito Rigensi — et multis fratribus

hoheit Verzicht [206]). Dasselbe wird ohne Zweifel gleichzeitig, wenn nicht schon früher, auch von Seiten der übrigen Bischöfe geschehen sein, wenngleich urkundliche Belege dafür sich nicht erhalten haben [207]).

b) Inhalt der bischöflichen Lehnsherrlichkeit.

Vermöge der den Bischöfen über den Orden zustehenden Lehnsherrlichkeit [208]) musste

1) der Belehnte dem Lehnsherrn, also der Ordensmeister dem bezüglichen Bischof, Treue, fidelitas [209]), und Gehorsam,

domus Theutonicorum, — in domo capituli Rigensis ecclesie, publice recognovit, se et fratres suos dictorum episcopatuum teneri subesse iurisdictioni predictorum archiepiscopi et episcoporum, secundum quod in litteris sedis apostolice, editis super unione fratrum militum Christi de Livonia et domus Theutonicorum, — evidentius continetur." Dass sowohl die obedientia, als die iurisdictio, Ausflüsse des Lehnsverhältnisses sind, wird weiterhin gezeigt werden.

[206]) S. die Urk. des Hochmeisters Winrich von Kniprode vom 7. Mai 1366, U.-B. No. 1033, unten Anm. 216. Vergl. auch G. Rathlef S. 105 fgg.

[207]) Es kann — wie bereits Rathlef S. 107 bemerkt — dieser Verzicht schon daraus gefolgert werden, dass der Bischof von Dorpat und der Procurator des Bischofs von Oesel an den bezüglichen Verhandlungen theilgenommen und jene Urkunde vom Jahre 1366 (Anm. 206) mit besiegelt haben. Jedenfalls werden sie, als Suffragane, nicht Rechte behalten haben, deren sich ihr Metropolitan begeben; vielmehr mochten sie schon früher der Lehnshoheit entsagt haben.

[208]) Ueber die Rechte des Lehnsherrn überhaupt s. (v. Bunge's) Geschichte des Liv-, Est- und Curländ. Privatrechts (St. Petersburg 1862. 8.) S. 41 fgg.

[209]) S. besonders unten Anm. 216. Vergl. auch den Vertrag des Ordens mit dem Rigischen Rathe vom 18. April 1226 (U.-B. No. 2717): „— conventum — quod magister et fratres sui cum civibus in omni veritate boni sint, et fideles episcopo Rigensi, tanquam domino etc." Diese Worte können nur auf die Lehnstreue bezogen werden. Dasselbe gilt von nachstehenden Worten des Ordensprocurators in der Urk. vom April 1325 (U.-B. II, 196 No. 711): „— Assero et propono, quod — dominus Iohannes de Warendorp (Procurator des Bischofs von Dorpat) interpellavit et requisivit, ut (dominus meus) vobis, predicto domino episcopo, nomine vestro et nomine ecclesie vestre, vice sua et vice fratrum suorum, qui sunt in Tarbatensi episcopatu constituti, obedientiam manualem prestaret, ac reverentiam, subiectionem et defensionem personarum, possessio-

4*

obedientia, angeloben [210]). Der Gehorsam hatte hier aber noch eine andere, als die bloss lehnrechtliche Bedeutung [211]): er fasste nämlich auch den sogenannten canonischen Gehorsam in sich, den der Ordensmeister dem Bischof, als seinem geistlichen Oberherrn, schuldig war [212]). Dieser canonische Gehorsam tritt nun zwar, da der Lehnsherr geistlichen Standes ist und der Vasall einer kirchlichen Genossenschaft angehört, überall in den Quellen in den Vordergrund [213], ohne jedoch desshalb den andern, auf dem Lehnrecht beruhenden, zu verdrängen. Beide hängen vielmehr innig zusammen, dürfen nicht von einander gehalten, vielmehr muss, wo von dem Gehorsam des Meisters gegen den Bischof die Rede ist, dieser Gehorsam in der Regel in beiden Gestalten — als weltlicher und geistlicher — aufgefasst werden [214]), zumal beide Institute einander

num et rerum, et promitteret vobis et successoribus vestris perpetuo fideliter serviturum, tanquam episcopo suo et ordinario, ad que ipsum dicebat et successores suos fore obligatos de iure."

[210]) Bulle vom 20. Octbr. 1210 (U.-B. No. 16): „— Magister eorum (scil. fratrum m. Chr.), qui pro tempore fuerit, obedientiam semper Rigensi episcopo repromittet." S. auch Heinrich v. L. VI, 6: „— quibus (scil. fratribus m. Chr.) domnus papa — — — sub obedientia sui episcopi esse mandavit." Vergl. das. XI, 3: „— ad obedientie recognitionem."

[211]) Dass der Gehorsam ein wesentlicher Bestandtheil der Lehnstreue ist, ergiebt sich schon aus dem Wortlaute des Lehnseides, den die Deutschen Fürsten dem Kaiser bis in die letzte Zeit des Römischen Reiches Deutscher Nation leisteten: „Euch, dem — — — Keyser, — — schwören wir — — von der Lehen wegen — — allen Deroselben Nachkommen am Römischen Reich, Römischen Keysern und Königen, und dem Reich, treu, hold, gehorsam und gewärtig zu sein etc." S. J. C. Lünig, Corpus iuris feudalis Germ. I, 95.

[212]) S. darüber A. L Richter's Lehrbuch des Kirchenrechts (Ausg. von R W. Dove. Leipzig 1874. 8.) § 145. Das Verdienst, auf diese Bedeutung der obedientia in unsern Geschichtsquellen zuerst aufmerksam gemacht zu haben, gebührt Rathlef a. a. O. S. 6 fgg. Derselbe geht aber viel zu weit, wenn er in allen Fällen die obedientia ausschliesslich von der canonischen verstanden wissen will. S. unten Anm. 214 u. 216.

[213]) So z. B. in den oben Anm. 205 u. 209 angeführten Urkunden, auch bei Heinrich v. L. VI, 6. XIII, 1.

[214]) Als im zweiten Drittheil des vierzehnten Jahrhunderts die Livländischen Meister Deutschen Ordens sich beharrlich weigerten, die Lehns-

vollkommen analog sind [215]. — Die Angelobung der Lehnstreue
musste der Regel nach eidlich geschehen, durch Leistung des
Lehns- oder Huldigungseides, iuramentum fidelitatis oder homa-
gium [216]), mit welchem dann wahrscheinlich die Angelobung
des canonischen Gehorsams, der sogenannte Obedienzeid, ver-

herrlichkeit und überhaupt die Oberhoheit der Bischöfe anzuerkennen,
und es darüber zu Rechtsgängen vor dem Römischen Stuhl kam, stellten
die Bischöfe ihre Forderungen wiederholt auf Leistung des Gehorsams
in beiderlei Gestalt (s. unten Anm. 216). Hier kann selbst Rathlef
(S. 96 fgg.) nicht umhin, eine weitere Bedeutung der obedientia zuzuge-
stehen. Er bestreitet jedoch den Bischöfen das Recht, den Lehns- oder
Huldigungseid zu fordern, und zwar hauptsächlich aus dem Grunde,
weil solcher dem Meister nirgends ausdrücklich vorgeschrieben sei
(S. 15 fg. 69. 95 fgg. 100—103). Wenn man das trügerische argumentum
a silentio überhaupt gelten lassen will, so kann man es mit weit grösserem
Rechte gerade für die entgegengesetzte Ansicht in Anspruch nehmen.
Der Lehnseid ist bekanntlich ein so wesentlicher Bestandtheil der Belehnung, dass er sich bei jeder Investitur von selbst versteht, es daher,
wenn eine Exemtion davon stattfinden soll, einer ausdrücklichen Bestimmung bedarf, denn Exemtionen dürfen, wie Privilegien überhaupt, nicht
vermuthet werden. Eine solche Exemtion des Ordensmeisters vom Hul-
digungseide hat aber nie stattgehabt.

[215]) Dass zwischen dem canonischen und dem Lehnrecht — namentlich
in Beziehung auf die Unterordnung der Gewalten, aber auch sonst —
eine nahe Verwandtschaft besteht, ist allgemein anerkannt. Hier kommt
aber besonders die interessante, zum Theil wörtliche Uebereinstimmung
der Formeln in Betracht, welche das canonische Recht (c. 4 X. de iure-
iurando II, 24) für den Obedienzeid und das Langobardische Lehnrecht
(II. Feud. 7) für den Lehnseid vorschreibt.

[216]) Diese Verpflichtung kommt in dem in der Anm. 214 berührten
Rechtsstreit wiederholt zum Ausdruck. So wird in der Bulle Pabst Johannes XXII. vom 7. Mai 1330 (U.-B. No. 742) angegeben, der Erzbischof
von Riga habe geklagt: „quod dicti magister, preceptor et fratres obedientiam et iuramentum fidelitatis prelatis provincie Rigensis, a
quibus feuda tenere noscuntur, prestare recusant." In der Urkunde vom
15. Novbr. 1336 (U.-B. No. 778) erkennt, im Auftrage des Pabstes, Bischof
Engelbert von Dorpat: „Vobis auctoritate apostolica — — iniungentes,
ut — — prelatis provincie Rigensis, a quibus feuda tenetis, obedientiam et iuramentum fidelitatis prestare studeatis." In der Relation
des Ordens über den Streit zwischen beiden Theilen vom April 1366 (U.-B.
No. 2884) II, 14, wird gesagt: „Petit archiepiscopus, quod iidem fratres
debeant eidem domino archiepiscopo obedientiam facere et sub iurisdictione ipsius esse, prout tenentur do iure." In der Urk. des Hochmeisters

bunden wurde [217]). Wol nur ausnahmsweise konnte an Stelle
des Eides eine mit der symbolischen Handlung des Hände-
reichens verbundene feierliche Angelobung, obedientia manualis,
treten [218]). — Dieses Angelöbniss der Treue und des Gehorsams
musste bei jeder Veränderung in der Person des Lehnsherrn
sowohl, als des Vasallen, also des Bischofs wie des Ordensmeisters, erneuert werden [219]).

2) Die Lehnstreue verpflichtet den Vasallen zunächst zum
Lehnsdienst. Dieser (servitium temporale) soll aber für den
Orden der Schwertbrüder nur darin bestehen, dass derselbe
jederzeit bereit sei, das Land und die Kirche gegen deren
Feinde, insbesondere gegen die Heiden, zu schützen und zu
vertheidigen [220]).

Winrich von Kniprode vom 7. Mai 1366 (U.-B. No. 1033) endlich, durch
welche der Streit beigelegt wird, verzichtet der Erzbischof auf den Obe-
dienz- und den Huldigungseid: „Item nec vult, nec debet prefatus archiepiscopus unquam preceptorem Livonie impetere super obedientia et
homagio, sibi faciendis."
[217]) Dies ist schon daraus zu entnehmen, dass in den in der Anm. 216
angeführten Stellen beide Eide als mit einander verbunden dargestellt
werden.
[218]) S. die in der Anm. 209 angeführte Urk. vom April 1325 (U.-B.
No. 711). Uebrigens ist es fraglich, ob dies nicht bloss für den Obedienzeid gilt, der Huldigungseid dagegen aufrecht erhalten wurde. — Die sym-
bolische Handlung bestand darin, dass der Vasall seine gefalteten Hände
in die offenen Hände des Lehnsherrn legte. S. darüber C. G. Homeyer's
Sachsenspiegel Th. II. Bd. II. S. 320 fg.
[219]) Auch dies beruht auf den Grundsätzen des Lehnrechts. Die von
Rathlef (S. 16 fg.) dagegen erhobenen Einwendungen bedürfen für den
dieser Grundsätze Kundigen keiner Widerlegung.
[220]) Bulle Innocenz's III. vom 20. Octbr. 1210 (U.-B. No. 16): „— —
nullum sibi (i. e. episcopo Rigensi) ex ea (scil. tertia parte) temporale
servitium prestituri, nisi quod ad defensionem ecclesie ac provincie perpetuo contra paganos intendent." Urk. Bischofs Hermann von Dorpat vom
24. Juli 1224 (U.-B. No. 62): „Pro hiis terris nullum nobis temporale servitium aliud exhibebunt, nisi quod pro episcopatu nostro incursus hostium
iugiter decertabunt." Damit wörtlich gleichlautend ist die Urk. des Bischofs Gottfried von Oesel vom 29. Juni 1228 (U.-B. No. 99, a). S. auch
noch die Urk. vom April 1325, oben Anm. 209. — Rathlef (S. 4) hebt
mit Recht hervor, dass durch diese Bestimmungen jede Verpflichtung zu

3) Der Orden war der Gerichtsbarkeit des Bischofs unterworfen, und zwar sowohl der geistlichen [221]), als auch der weltlichen Jurisdiction [222]). Die letztere übte der Bischof nicht bloss über den Meister, sondern auch über alle Ordensange· hörigen — sowohl Ordensbrüder, als auch sonstige Bewohner des Ordensgebietes — aus, über letztere jedoch nur in zweiter Instanz, da in der ersten der Ordensmeister ihr Richter war [223]).

[220]) Angriffskriegen, der Heerfahrt (expeditio) im engeren Sinne, ausgeschlossen ist.

[221]) Von dieser wird weiter unten (Abschnitt IX. No. 6), bei der Darstellung der kirchlichen Verfassung im Ordensgebiete, gehandelt werden; hier kommt nur die weltliche Gerichtsbarkeit in Betracht.

[222]) Die hierüber entstandenen Zweifel entschied der Legat, Bischof Wilhelm von Modena, im August 1225 für die Bisthümer Riga und Dorpat in zwei besonderen Urkunden (U.-B. No. 73,b und 74), welche in den Entscheidungsworten ziemlich gleichlautend sind. In der erstern heisst es: „— — iudicamus — — videlicet: quod magister respondeat sub episcopo; clerici magistri [in spiritualibus tantummodo respondeant sub episcopo; fratres autem, et omnes, habitantes in parte magistri, sub magistro solummodo respondeant, salvo eo, quod possunt — — a diffinitiva sententia, si voluerint, ad episcopum appellare." Die einzige wenigstens scheinbar wesentliche Abweichung der zweiten Urkunde liegt in den letzten Sätzen: „Fratres autem sub magistro respondeant, et homines de parte ipsius magistri debeant sub ipso magistro in omnibus temporalibus respondere, ita quod possent a diffinitiva sententia ad episcopum appellare." Es könnte nämlich scheinen, als wenn hier nur den übrigen Bewohnern des Ordensgebietes, nicht aber den Ordensbrüdern, das Recht der Appellation an den Bischof ertheilt sei. Allein es ist gar kein Grund zu der Annahme vorhanden, dass eine Verschiedenheit des Rechts in den beiden Gebieten beabsichtigt ist, zumal eine solche, weil gerade die Ordensbrüder kein festes Domicil haben, illusorisch wäre. Der scheinbare Widerspruch muss daher in einer Ungenauigkeit des Ausdrucks einer der beiden Urkunden gesucht werden, und zwar dürfte dies von der letzteren anzunehmen sein. Dieser Meinung scheint auch Hildebrand, die Chronik H. v. L. S. 74 Anm. 3, zu sein. Dagegen wollen Büttner a. a. O. S. 4 und Rathlef S. 22 fg. die Ordensbrüder überall von der Gerichtsbarkeit der Bischöfe ausgenommen wissen, wenigstens sprechen sie ihnen das Appellationsrecht ab. S. jedoch die folg. Anm. 223 a. E.

[223]) Hildebrand S. 74 Anm. 3, S. 130 und 136, hebt als besonders beachtenswerth hervor, dass nur der Meister, nicht auch die übrigen Ordensbrüder, direct der Gerichtsbarkeit des Bischofs unterworfen waren. Dies ist jedoch nur eine natürliche Folge des Lehnsverhältnisses. Zu

Wenn endlich Heinrich von Lettland noch angiebt, der Meister habe „zur Anerkennung des Gehorsams" dem Bischof den vierten Theil des in seinem Gebiete erhobenen Zehnten entrichten müssen[224]), so hat er hier ohne Zweifel nur den canonischen Gehorsam im Sinne gehabt[225]).

2. Verhältniss des Ordens zu Kaiser und Reich.

Das Streben des Ordens, sich von der durch den Pabst angeordneten bischöflichen Oberhoheit zu befreien, oder doch dieselbe abzuschwächen, offenbart sich schon früh in Versuchen, dieses Ziel durch die kaiserliche Machtvollkommenheit zu erreichen. Bereits zu Anfang des Jahres 1212 erwirkte er von Kaiser Otto IV. die Bestätigung und Inschutznahme nicht nur aller seiner gegenwärtigen Besitzungen, sondern auch der

den wichtigsten Rechten des Lehnsherrn gehört die (weltliche) Gerichtsbarkeit über die sämmtlichen Insassen seines Gebiets (Aeltestes Livländ. Ritterrecht Art. 3). Von den Bischöfen von Dorpat und Oesel war sie überdies dem Orden ausdrücklich verliehen (Urk. v. 23. und 24 Juli 1224 und vom 29. Juni 1228, U.-B. No. 62. 63 und 99, a), und wurde hier von dem Meister ausgeübt. Dadurch war jedoch die Gerichtsbarkeit der Bischöfe über die Brüder nicht aufgehoben; sie konnte aber selbstverständlich nur in zweiter Instanz zur Geltung kommen. So wird denn auch in einer Reihe von Urkunden, selbst nach der Vereinigung des Ordens der Schwertbrüder mit dem Deutschen Orden, die Jurisdiction der Bischöfe über den Meister und die Brüder des Ordens anerkannt. S. die Bulle Gregors IX. vom 14. (12.) Mai 1237 (U.-B. No. 149): „ut ipsi et ceter fratres — — sub diocesanorum — — iurisdictione consistant (oben Anm. 195). Urk. v. 12. Decbr. 1254 (U.-B. No. 3024,b, nach den in der Anm. 205 abgedruckten Worten): „et dictos magistrum et fratres de Lyvonia taliter iurisdictioni ipsorum dominorum archiepiscopi et episcoporum subesse — recognovit." Aehnlich in der Urk. vom 28. März 1264, oben Anm. 205: „ — — se et fratres suos — — teneri subesse iurisdictioni archiepiscopi etc." S. auch noch den Vertrag des Schwertbrüderordens mit dem Rigischen Rathe vom 18. April 1226 (U.-B. No. 2717): „Quod fratres maneant per omnia de foro et iudicio solius Rigensis episcopi, sicut in eorum scriptis plenius continetur."

[224]) Heinrich v. L. XI, 3: „Qui (summus pontifex) — — de acquisitis (terris) tertiam partem adscripsit, relicta episcopo quarta parte decimarum in partibus ipsorum, ad obedientie recognitionem."

[225]) S. darüber Abschn. XI. No. 5, bes. Anm. 287.

künftig rechtmässig zu erwerbenden oder den Ungläubigen zu
entreissenden: „unbeschadet jedoch der von ihm, dem
Orden, in dieser Beziehung mit den Bischöfen
von Riga und Estland geschlossenen Verträge²²⁶)".
Im folgenden Jahre stellte der Orden dem Kaiser vor: für das
von dem Bischof von Riga ihm verliehene Landgebiet habe er
demselben, nach Anordnung des Pabstes, nur geringe und
mässige weltliche Dienste (temporalia obsequia) zu leisten, und
zwar geschehe dies mehr aus Ehrfurcht vor dessen
geistlicher Würde (ob reverentiam ecclesiasticam), als
in Folge einer andern Verpflichtung. Nachher habe
er, der Orden, die ausserhalb der Rigischen Diöcese liegenden
benachbarten Landschaften Ugenus und Sackala den Heiden
entrissen, wegen welcher er sich weder mit dem Bischof von
Riga, noch mit sonst Jemand verglichen habe, und für welche
er daher das Recht des freien Besitzes beanspruche. Diesmal
bestätigte der Kaiser ohne Weiteres sowohl jene Uebereinkunft,
als auch diesen Anspruch²²⁷). Nachdem, erst mehrere Jahre
später, das genannte Gebiet (Ugenus und Sackala) dauernd
erobert, daraus die Dorpater Diöcese gebildet und von dieser
seitens des Bischofs ein Theil dem Orden verliehen worden
war, wandte letzterer sich im Jahre 1226 abermals an den
Kaiser, damals Friedrich II., und erbat und erhielt von demselben nicht nur die Bestätigung aller ihm von den Bischöfen
von Livland (Riga) und Leal (Dorpat) überlassenen, sowie von
ihm künftig zu erwerbenden Besitzungen und Rechte, sondern
auch das Bergregal in den ersteren²²⁸). — Als im Jahre 1227

---

²²⁶) Urk. v. 27. Januar 1212, U.-B. No. 19.
²²⁷) Urk. v. 7. Juli 1213 (U.-B. No. 25): „— — — Supradicte itaque
compositionis tenorem inter sepedictos Rigensem episcopum et fratres
militie Christi, atque etiam libere ius possessionis aliarum terrarum, Uge-
nusen et Sackele, eisdem fratribus auctoritatis nostre patrocinio confirmamus." S. darüber auch noch Hildebrand S. 93 fg.
²²⁸) Urk. vom Mai 1226, U.-B. No. 90, Nur wenige Monate später,

der Orden die Proviuzen Reval (Rivele), Jerwen, Harrien und
Wierland selbstständig erobert hatte, wurde ihm vom Römischen
Könige Heinrich VII. (Friedrichs II. Sohne) der ewige Besitz
dieser zum Reiche gehörigen Länder (velut nobis et imperio
eadem bona attinebant) zugesichert [229]. Im Jahre 1232 endlich
erwarb der Orden vom Kaiser Friedrich II. einen Gnadenbrief,
durch welchen dieser „den Meister, dessen Brüder und Unterthanen
(homines) und ihre Nachfolger, mit ihren Häusern (Schlössern),
ihren Besitzungen, allen ihren beweglichen und unbeweglichen,
geistlichen und weltlichen Gütern, welche sie zur Zeit in Livland, Lettland und Oesel rechtmässig besitzen, desgleichen die
Landschaften Sackala, Mocha, Alempois, Normegunde, Jerwen
und halb Waygele, nebst deren Zubehörungen, ihren Landes-
antheil in Semgallen und Curland, und was sie in Zukunft in
diesen Landschaften und anderweitig rechtmässig erwerben
könnten, — in seinen und des Reiches Schutz und Schirm
nimmt, so dass sie in seinen und des Reiches Händen gewahrt
und nie der Voigtei (ius advocatiae) irgend einer Person unterworfen werden sollen [230].
    In allen diesen kaiserlichen Gnaden- und Schutzbriefen
wird betont, dass die Bestätigung auf die rechtmässig —
iusto titulo — erworbenen oder zu erwerbenden Besitzungen,
Rechte etc. des Ordens sich beziehe, in einigen derselben wird
auf die mit den Bischöfen geschlossenen Verträge ausdrücklich Bezug genommen. Es werden in denselben also die
Rechtstitel, auf deren Grund die Erwerbung erfolgt, anerkannt und bestätigt, an diesen nichts geändert. Der Rechtstitel aber des Ordens für seinen Antheil an den zu den Diöcesen

---

im Januar 1227, erfolgte eine zum Theil wörtliche Wiederholung dieses
Gnadenbriefes: U.-B. No. 93, b.
    [229] Urk. vom 1. Juli 1228, U.-B. No. 100.
    [230] Urk. vom September 1232, U.-B. No. 127. Vergl. auch Rathlef
S. 27. Anm. 80, b.

gehörigen Gebieten war kein anderer, als das ihm von den Bischöfen daran verliehene Lehnrecht, das aus diesem fliessende
Verhältniss wurde daher durch die Kaiserbriefe nicht im Min-
desten alterirt [231]. Dies geschah namentlich auch nicht durch
die in dem letzten Briefe ertheilte Zusicherung der Befreiung
von jeder Voigtei, denn diese steht zu dem Lehnsverhältniss
in gar keiner Beziehung [232]. Die einzige practische Wirkung
jener Briefe besteht demnach in dem dadurch dem Orden,
seinen Gliedern und Unterthanen, deren Besitzungen und Gütern,
gewährten besondern Frieden, der sich dadurch äussert, dass
jede Verletzung desselben mit einer ausserordentlichen Strafe
bedroht ist [233]. Das politische Verhältniss des Ordens zu Kaiser
und Reich dagegen war das eines Aftervasallen, indem zwischen
beiden die Bischöfe die Stellung einerseits als Reichsvasallen,
andererseits als Lehnsherren des Ordens einnahmen [234].

231) Eine Ausnahmestellung nehmen übrigens die Provinzen Reval,
Jerwen, Harrien und Wierland ein, da der Orden sie selbstständig erobert
hatte, von keinem Bischof damit belehnt worden war. Ueber die Be-
schaffenheit dieser Stellung giebt aber die bezügliche Urkunde König
Heinrichs (Anm. 229) gar keinen Aufschluss. Auffallend ist indess, dass
in dem Gnadenbriefe vom Jahre 1232 (Anm. 230), welcher die übrigen
Ordensbesitzungen alle einzeln aufzählt, gerade von diesen Provinzen nur
Jerwen genannt wird, während die übrigen mit Stillschweigen übergangen
werden. S. darüber A. Büttner a. a. O. S. 25 und v. Brevern's Studien
S. 113 fg.

232) Dass der Orden selber in diesen Gnadenbriefen keine Befreiung
von der bischöflichen Oberhoheit erblickte, ergiebt sich schon daraus,
dass er in dem langwierigen Streite mit den Bischöfen sich kein einziges-
mal auf dieselben berufen hat.

233) So werden in den Urkunden von den Jahren 1212, 1226 und 1232
(Anm. 226, 228 und 230) die Uebertreter mit der Ungnade des Kaisers
und der Erlegung von 100, beziehungsweise 50 Pfund reinen Goldes bedroht; die Urk. vom Jahre 1227 (Anm. 229) erklärt jede Uebertretung für
ein Majestätsverbrechen (offensa nostre celsitudinis).

234) Es ist daher unrichtig, aus diesen kaiserlichen Gnadenbriefen,
wie W. C. Friebe (Geschichte Livlands I, 120), A. v. Richter (a. a. O.
I, 131), auch G. Rathlef (S. 27. 30 und 110), thun, die Reichsunmittel-
barkeit des Ordens zu folgern. Erst Wolter von Plettenberg wurde Deutscher Reichsfürst und dadurch unmittelbar.

3. Verhältniss zum Pabste.

Einen ungleich grössern politischen Einfluss, als der Kaiser, hatte auf Livland überhaupt der Pabst. Gerade zur Zeit der Stiftung unseres Ordens hatte, unter Innocenz III., der Römische Stuhl den Höhenpunkt seiner Macht und seines Ansehens erreicht. Allgemein galt der Pabst als der Inhaber der höchsten, geistlichen nicht nur, sondern auch weltlichen Gewalt über die gesammte Christenheit [235]). In ein besonders enges Verhältniss zu ihm aber trat das in der Bekehrung zum Christenthum begriffene Livland. Gerade seine Bemühungen trugen zur Christianisirung das Meiste bei; die neuen Landesherrn waren ausschliesslich geistlichen Standes; Bischof Albert hatte ganz Livland der heiligen Jungfrau Maria gewidmet [236]). Der Pabst gerirte sich in Folge dessen als wahrer Oberherr des Landes und erklärte Livland für ein Eigenthum des Römischen Stuhles [237]). Demgemäss wurden alle streitigen Fragen, besonders zwischen dem Orden und den Bischöfen, vor seinen, des Pabstes, Richterstuhl gebracht, er entschied sie theils unmittelbar, theils durch seine Legaten [238]), und diese Entscheidungen bilden die Grundlage der ganzen politischen Gestaltung des Landes.

[235]) C. F. Eichhorn's Deutsche Staats- und Rechtsgeschichte § 209 und 286. H. Zöpfl's Deutsche Rechtsgeschichte II, 300 fgg. § 56.

[236]) Heinrich v. L. VI, 4: „— — Albertus episcopus — — cathedram episcopalem cum tota Livonia beatissime Dei genitricis Marie honori deputavit." Auf dem Lateranensischen Concil im Jahre 1215 lässt Heinrich (XIX, 7) den Bischof Albert zum Pabste sprechen: „Sicut, pater sancte, terram sanctam Ierosolimitanam, que est terra filii, sanctitatis tue studio fovere non desinis, sic Livoniam, que est terra matris, consolationum tuarum sollicitudinibus hactenus in gentibus dilatatam, etiam hac vice desolatam, derelinquere non debes etc."

[237]) Bulle Gregors IX. vom 14. (12.) Mai 1237 (U.-B. No. 149): „prefata terra (Livonia), que iuris et proprietatis beati Petri esse dinoscitur."

[238]) Die Belege hierfür sind in zahlreichen theils bereits erwähnten, theils noch anzuführenden Urkunden enthalten. — S. auch noch G. Rathlef S. 108.

4. Verhältniss zu der Stadt Riga [239]).

In die Theilung Liv- und Lettlands zwischen dem Bischof
Albert und dem Orden war die Stadt Riga nicht mitbegriffen
worden [240]). Allein schon wenige Jahre darauf erhob der
Ordensmeister vor dem Pabste den Anspruch auf ein Drittheil
der schnell zu Reichthum erblühten Stadt, und namentlich auf
seinen Antheil an den dortigen Gefällen aus dem Zehnten, der
Voigtei, der Münze und der Fischerei, sich auf eine angeblich
mit dem Bischof geschlossene Vereinbarung berufend [241]). Da
indess diese Forderung keine Berücksichtigung fand [242]), so
schloss im Jahre 1226 — unter Vermittelung des Legaten, Bischofs Wilhelm von Modena, — der Ordensmeister mit dem
eben gegründeten Rathe der Stadt Riga [243]) eine Uebereinkunft,

---

239) Vergl. überhaupt Rathlef S. 111 fgg. 123 fgg.

240) S. oben Anm. 187.

241) Pabst Innocenz III. schreibt am 10. Octbr. 1213 (U.-B. No. 27)
an den Abt, den Prior und den Custos zu Dünamünde: „Cum — magister
et fratres militie Christi de Livonia, transmissa nobis conquestione mon-
strassent, quod — — episcopus Rigensis in civitate Rigensi ecclesias,
decimas, advocatiam, monetam, piscationes, et ipsius civitatis tertiam partem eos non sineret, prout ad ipsos pertinet, possidere, contra compositionem, inter episcopum et fratres predictos, nobis mediantibus initam,
veniendo etc."

242) Zwar erklärt Innocenz in dem citirten Schreiben, er habe dem
Bischof aufgetragen: „ut supradicta, iuxta quod in authentico, de prefata
compositione confecto, continetur, possidere permitteret fratres ipsos
libere ac quiete," und weist die Addressaten (den Abt etc. von Dünamünde) — welche schon früher einen bezüglichen Befehl in dieser Ange-
legenheit erhalten, aber unerfüllt gelassen hatten — an, für die Inkraft-
setzung jenes Mandats Sorge zu tragen. Dennoch geschah nichts in der
Sache: denn es fehlt nicht nur an jeder urkundlichen Nachricht darüber,
sondern es ergiebt sich auch aus den spätern Ereignissen, dass der Orden
nicht zur Erreichung des von ihm verfolgten Zieles gelangte, wahrscheinlich weil aus dem „authenticon" (wol der Bulle vom 20. Octbr. 1210)
die Forderung sich nicht rechtfertigen liess. S. oben Anm. 187. Die dem
widersprechende Nachricht bei Hermann von Wartberge (Scr. rer.
Pruss. II, 25) ist eine tendentiöse Entstellung der Wahrheit. Vergl. noch
überhaupt Hildebrand a. a. O. S. 101 und Rathlef S. 123 fg.

243) S. v. Bunge, die Revaler Rathslinie S. VI. und 143.

durch welche das gegenseitige Verhältniss beider Theile nachstehend geregelt wurde:

Meister und Brüder sollen mit den Bürgern der Stadt in
wahrhaft gutem Vernehmen stehen und dem Bischof von Riga,
als ihrem Herrn und geistlichen Vater, sowie der Rigischen
Kirche, als ihrer Herrin und geistlichen Mutter, treu sein, in
Bezug auf Personen, wie auf Sachen. Meister und Brüder
sollen die Stadt und deren Gebiet (ora) nicht nur bewahren
und erhalten (manutenere), sondern auch erweitern; dasselbe
haben die Bürger in Beziehung auf Personen und Sachen des
Meisters und der Brüder zu thun. Die Ordensbrüder sollen
wahre Bürger Riga's sein, jedoch unbeschadet ihrer Privilegien,
so dass sie desshalb nicht der Gerichtsbarkeit der Stadt unterworfen werden, sondern ausschliesslich der Jurisdiction des
Bischofs untergeben bleiben [244]). Die städtischen Einrichtungen
(? consuetudines civitatis) werden dem Meister und den Brüdern,
wie den Bürgern selbst, zur Verfügung gestellt, jedoch nur so-
weit sie darum bitten oder davon Gebrauch machen wollen,
und mit Vorbehalt der bürgerlichen Grundstücke in der Stadt-
mark [245]). Zwei Ordensbrüder oder auch einer werden in den
Rath der Stadt gezogen, dessen Sitzungen sie, so oft sie wollen
und können, beizuwohnen haben. — Bei den Heerfahrten —
welche nicht bloss zur Vertheidigung und zum Schutze unter-
nommen werden — unterstützt die Stadt den Meister, so weit
es ihr angemessen (conveniens) erscheint; in gleichem Maasse
unterstützt der Meister die Stadt. Wenn die Stadt eine Steuer
(collecta) auf die Grundstücke legt, zahlt der Meister in gleichem
Maassstabe, wie die Bürger; die Häuser, in denen der Meister

---

[244]) Diese Befreiung spricht auch schon aus die Entscheidung des
Legaten, Bischofs Wilhelm von Modena, vom December 1225, U.-B.
No. 75.

[245]) Dies bezieht sich auf die Entscheidung des obengedachten Legaten vom 15. März 1226, U.-B. No. 78.

und die Brüder wohnen, sind jedoch von der Steuer befreit. Wird eine Vermögenssteuer (collecta secundum existimationem divitiarum) angeordnet, so zahlt der Meister so viel, als ein Bürger, dessen Vermögen auf siebenhundert Mark abgeschätzt ist. Endlich ist es jedem Bürger gestattet, in den Orden der Brüder vom Ritterdienste Christi einzutreten, und zwar mit allen seinen beweglichen und unbeweglichen Gütern, so jedoch, dass er für die Grundstücke, wie angegeben, der Stadt verhaftet bleibt [246]).

XI.
Verfassung und Verwaltung des Landes.
1. Der Landesherr.

Während wir bisher unsern Orden vorzugsweise als solchen betrachtet haben, schreiten wir nunmehr zur Darstellung seines und seines Meisters Verhältnisses zu dem Landesgebiet und dessen Bewohnern. Dieser Darstellung wird, da die heimischen Quellen darüber im Ganzen nur wenige und überdies dürftige Andeutungen liefern, zum Theil die Analogie der andern, namentlich geistlichen Territorien des Römischen Reiches Deutscher Nation in diesem Zeitraume zur Grundlage dienen müssen.

Die Stiftung und das Bestehen des Ordens der Schwertbrüder fällt gerade in die Zeit der festern Gestaltung der Landesherrlichkeit oder Landeshoheit in Deutschland [247]).

---

[246]) Urk. vom 18. April 1226 (U.-B. No. 2717). Vergl. Rathlef S. 132 fg. Eine genauere Analyse dieser interessanten Uebereinkunft muss hier unterbleiben, weil sie ohne gleichzeitige Erörterung der ganzen Stadtverfassung nicht möglich ist, und daher die Grenzen dieses Aufsatzes überschreiten würde.

[247]) S. besonders Kaiser Friedrichs II. Confederatio cum principibus ecclesiasticis vom Jahre 1220 (bei Pertz, Monum. Germ. Leges II, 236)

Diese äusserte sich vor Allem in dem Rechte der Gerichtsbarkeit, welche nach der Ansicht jener Zeit das Wesen der Regie-
rungsgewalt ausmachte. Die Livländischen Bischöfe hatten
durch ihre Erhebung in den Reichsfürstenstand [248]) die volle
Landeshoheit über ihre Territorien erworben [249]). Da sie bei
der Belehnung des Ordens mit dessen bezüglichen Antheilen
auf das Oberhaupt desselben, den Ordensmeister, alle Rechte
übertrugen, welche sie von Kaiser und Reich empfangen
hatten [250]), darunter namentlich auch das der Gerichtsbarkeit in
dem Ordensgebiete [251]), so erscheint auch der Ordensmeister

und dessen Constitutio Utinensis de iuribus principum secularium vom
Jahre 1232 (das. II, 291), so wie seines Sohnes, König Heinrichs, Statu-
tum in favorem principum vom Jahre 1231 (ebendas. II, 281). Die in
diesen Gesetzen aufgezählten Rechte der Fürsten wurden diesen nicht
erst jetzt gewährt; vielmehr wird durch dieselben nur festgestellt und
verallgemeinert, was sich bereits früher durch Herkommen, sowie durch
Specialverleihungen entwickelt hatte. Vergl. überhaupt Eichhorn's
Staats- und Rechtsgeschichte § 290 fgg. 299. Zöpfl's Rechtsgeschichte
II. § 53. F. Walter's Deutsche Rechtsgeschichte § 247. 248. 280 fgg.

[248]) In König Heinrichs dem Bischof Albert am 1. December 1225
ertheilten Investiturdiplom (U.-B. No. 67) heisst es: „Ad petitionem Alberti, — Livoniensis episcopi, marchiam unam per totum eius episcopa-
tum — — — instituimus, et eundem ipsi principatum, iure aliorum
principum, — — concessimus." Wörtlich übereinstimmend damit ist
das gleichzeitig dem Bischof Hermann von Dorpat verliehene Diplom
(U.-B. No. 68). In dem dem Bischof Gottfried von Oesel am 1. October 1228 ertheilten Lehnbriefe (U.B. No. 2718) wird ihm sein Bisthum
verliehen: „cum omnium iuris et honoris integritate, quam habent alii
Livonienses episcopi." Es ist nicht zu bezweifeln, dass auch die Bischöfe
von Semgallen und von Curland gleicher Rechte sich erfreuten, und nur
die urkundlichen Belege dafür verloren gegangen sind. S. oben Anm. 191.
192 und 201.

[249]) Dass im dreizehnten Jahrhundert die Landesherrlichkeit an die
Fürstenwürde geknüpft war, beides aber namentlich den Bischöfen zukam,
ersieht man aus der oben (Anm. 247) angeführten Confederatio Kaiser
Friedrichs II. vom Jahre 1220 Cap. 10. S. auch Zöpfl a. a. O. II, 279
und J. F. v. Schulte's Lehrbuch der Deutschen Rechtsgeschichte (3. Aufl.)
S. 214 fg. 237.

[250]) S. bes. Heinrich v. L. XI, 3, oben Anm. 198.

[251]) Urkunden vom 24. Juli 1224, vom August 1226 und vom 29. Juni
1228, U.-B. No. 62. 73,b. 74 und 99,a.

als Landesherr in diesem Gebiete [252]), wenngleich seine Landesherrlichkeit durch die Abhängigkeit von den Bischöfen, und
besonders insofern beschränkt war, als er für seine Person der
unmittelbaren Gerichtsbarkeit des bezüglichen Bischofs unterworfen war. Dagegen übte er nicht nur über die Ordens-
mitglieder, sondern auch über alle andern Bewohner seines
Territoriums die volle weltliche Jurisdiction aus [253]).
Zu den ausserdem dem Landesherrn gebührenden Rechten
gehörte demnächst das Recht, Zölle zu erheben und Münzen
zu prägen [254]). Letzteres Recht scheint jedoch dem Ordensmeister nicht zugestanden zu haben, indem es namentlich den
Bischöfen vorbehalten wird [255]). Das Bergwerksregal war zwar
vom Kaiser ausdrücklich dem Orden verliehen worden [256]);
dieser fand jedoch in seinem Territorium keine Gelegenheit
zu dessen Ausbeutung. Auch von dem Rechte der Landes-
gesetzgebung [257]) mochte der Ordensmeister keinen Gebrauch
machen; wenigstens fehlt es an jedem Beleg dafür [258]). Das

---

[252]) Rathlef S. 19 legt ihm auch die Fürstenwürde bei, die ihm
aber keineswegs gebührte. S. oben Anm. 234.

[253]) S. die in der Anm. 251 angeführten Urkunden und oben Anm. 222
und 223.

[254]) S. die in der Anm. 247 citirten Constitutionen.

[255]) S. die Investiturdiplome der Bischöfe (oben Anm. 248), besonders
aber die Entscheidung des Legaten, Bischofs Wilhelm von Modena, vom
December 1225 (U.-B. No. 75): „— — Monetam autem in civitate fieri
cuiuscunque forme, sit in potestate domini episcopi." Vergl. auch noch
oben Anm. 241 und 242.

[256]) Privilegien Kaiser Friedrichs II. vom Mai 1226 und vom Januar
1227, U.-B. No. 90 und 93,b. Vergl. oben S. 57.

[257]) Vergl. die von Kaiser Friedrich II. dem Deutschen Orden ertheilten Privilegien vom März 1226 und vom Juni 1245 (U.-B. No. 185). S.
auch Zöpfl a. a. O. I. § 26 No. V, v. Schulte l. c. S. 155 fg. und
v. Bunge's Einleitung in die Livländische Rechtsgeschichte S. 90.

[258]) Die Fabel, welche M. Brandis (Monum. Livon. III, 1, 118) von
der vereinten gesetzgeberischen Thätigkeit des Bischofs Albert und des
Ordensmeisters Volquin im Jahre 1228 erzählt, ist längst als solche ver-
urtheilt. S. v. Bunge a. a. O. § 47. Gegen den Versuch G. von Brevern's (Studien zur Geschichte Livlands I, 186), Brandis' Bericht

Befestigungsrecht aber übte er durch den Ausbau der den Landeseingebornen genommenen Burgen, sowie durch Anlegung mehrerer neuer Schlösser aus [259]). Nur von der Gründung befestigter Städte im Ordenslande findet sich noch keine Spur [260]). — Die den Landesherrn in Deutschland hin und wieder verliehene Befreiung von der Theilnahme des Kaisers und der Reichsbeamten an Regierungshandlungen endlich verstand sich bei der entfernten Lage Livlands von selbst.

2. Das Territorium.

Rücksichtlich des Territoriums muss vor Allem unterschieden werden zwischen dem früher Dänischen Gebiete (Reval, Harrien und Wierland), welches der Orden erst seit dem Jahre 1226 selbstständig erobert, und denjenigen Landestheilen, welche er von den Bischöfen zu Lehn hatte. In jenen war ein grosser Theil des Landes von dem Könige von Dänemark seinen Kriegern und Beamten zu Lehn gereicht worden. Der Orden fand daher dort einen bedeutenden Vasallenstand vor, mit welchem er rechnen musste. Von der Darstellung der daraus hervorgegangenen verwickelten Verhältnisse [261]) muss indess an diesem Orte abgesehen werden, weil dabei ein tieferes Eingehen auf ihren (Dänischen) Ursprung nicht vermieden werden kann, dies uns aber von unserm Ziele zu weit ablenken würde.

wenigstens theilweise zu retten, vergl. C. Schirren, Beitrag zum Verständniss des Liber census Daniae (St. Petersb. 1859. 4.) S. 26. S. auch Büttner in den Mittheill. XI, 67 fgg. 71 fgg.

[259]) Dahin gehören die Schlösser Wenden, Segewold, Ascheraden, Fellin, Oberpahlen u. a. m.

[260]) Die einzige Stadt, welche sich in der letzten Zeit im Ordensgebiete findet, ist Reval, deren Gründung aber in die Zeit der Dänischen Herrschaft fällt. Die Ordensregierung scheint überhaupt der Entwickelung des Städtewesens nicht günstig gewesen zu sein; denn auch unter der Herrschaft des Deutschen Ordens konnten die wenigen Städtchen, welche allmählich unter dem Schutze der Ordensschlösser entstanden, zu keiner Blüthe gelangen.

[261]) S. darüber O. von Brevern's Studien I, 178 fgg. und C. Schirren, Beitrag zum Verständniss des Liber census Daniae S. 66 fgg.

Ganz anders als in jener Landschaft gestaltete sich die Sache in dem dem Orden von den Bischöfen verliehenen Territorium. Der Bischof Albert hatte zwar bereits vor der Theilung seines Bisthums mit dem Orden mehreren Privatpersonen Güter zu Lehn gereicht [262]). Diese Lehngüter kamen jedoch bei der Theilung nur insofern in Betracht, als Albert dem Orden dafür vollständigen Ersatz in andern Gütern verhiess und in der Folge auch gewährte [263]). Die Lehngüter selbst verblieben hiernach dem Antheile des Bischofs, während dem Orden sein Antheil ohne Belastung mit Lehngütern zufiel [264]), und auch unbelastet blieb; denn es findet sich keine Spur von Vasallen des Ordens der Schwertbrüder [265]). Letzterer erhob zwar in der

---

[262]) Heinrich v. L. V, 2.

[263]) Nachdem Heinrich v. L. (XI, 3) über die dem Bischof und dem Orden zugefallenen Antheile berichtet, fährt er fort: „de provinciis autem sive prediis, aliis iam dudum in beneficio prestitis, ipsi (i. e. fratres militie) per omnia recompensationem in aliis postea receperunt." Diese Stelle ist vielfach missverstanden worden, zum Theil daher, weil man — bei fehlender Interpunction — das erste „aliis" auf das vorhergehende „prediis" bezogen, während damit offenbar die früher belehnten anderweitigen Personen gemeint sind, daher das Comma nicht nach, sondern vor „aliis" zu setzen ist. Ganz verkehrt ist die Uebersetzung Hansen's in den Scr. rer. Livon. I, 115 und in den Verhandlungen der Estn. Gesellschaft II, 3, 3. Ed. Pabst (Heinrich v. L. S. 83) giebt im Texte die richtige Version, in der Anm. 12 aber (zur beliebigen Auswahl?) eine falsche. Hildebrand a. a. O. S. 65 fgg. 80 fgg. übersetzt auch unrichtig, und gelangt, nach ausführlicher Erörterung, zu Resultaten, welche keinesweges vollkommen befriedigen.

[264]) Wenn bei der Theilung ein Lehngut in das dem Orden zugetheilte Gebiet gefallen war, so erhielt er anderweiten Ersatz dafür nur eventuell, bis zum Heimfall des Lehns; trat ein solcher ein, so bekam er an dem bisherigen Lehngut selbst seinen Antheil und musste dann den eventuell empfangenen Besitz zurückerstatten (Urk. vom J. 1211, U.-B. No. 18, verglichen mit der Urk. vom 20. April 1226, U.-B. No 84, und dazu Hildebrand a. a. O. S. 81 fg.). Dass es auch noch in späterer Zeit so gehalten wurde, beweisen die Theilungsurkunden zwischen dem Bischof von Oesel und dem Deutschen Orden vom 20. März und 13. Mai 1254, U.-B. No. 273') und 36.

[265]) Da Heinrich v. L. in seinen Berichten über die vielen Kriegszüge die Bestandtheile des Deutschen, und namentlich des Ordensheeres

Folge Ansprüche auch auf ein Drittheil jener von dem Bischof früher vergabten Lehngüter, drang jedoch damit nicht durch [266]). Dass auch in den von den übrigen Bischöfen empfangenen Antheilen keine Lehngüter vorhanden waren, ergiebt sich schon daraus, dass von diesen Bischöfen die Theilung gleich nach der Gründung der Bisthümer stattfand [267]).

Somit war das gesammte Territorium des Ordens dem Meister unmittelbar · untergeben, und dessen Bewohner waren, ausser den Ordensangehörigen auf den Burgen und den Geistlichen auf den Pfarrhöfen, die in Dörfern und Einzelhöfen (sogenannten Gesinden) angesiedelten Landeseingebornen. Diese, gewöhnlich „homines magistri" genannt, behielten zwar ihre persönliche Freiheit und ihr Grundeigenthum [268]), wurden jedoch als Untergebene, Unterthanen, des Ordens und Meisters angesehen [269]), und waren zu Leistungen verschiedener Art ver-

genau aufzuzählen pflegt, so hätte er gewiss nicht unterlassen, auch der Ordensvasallen zu gedenken, wenn solche vorhanden gewesen wären; es geschieht aber nirgends. — Ganz hinfällig — weil mit dem Gelübde der Armuth im schroffen Widerspruch stehend — ist die Angabe A. von Richter's (Geschichte der Ostseeprovinzen I, 132), dass die Ritterbrüder des Ordens „einzelne Ordensgüter nach Art der Kirchenpfründen zum Genuss erhalten konnten."

[266]) S. besonders die Entscheidung des Legaten, Bischofs Wilhelm von Modena, vom 20. April 1226 (U.-B. No. 84). Der Grund der Nichtgewährung lag ohne Zweifel in der bereits anderweitig stattgefundenen Entschädigung. S. oben Anm. 263 und 264.

[267]) Bei dem Bischof Hermann von Dorpat fällt die Besitznahme seines Stifts, dessen Theilung mit dem Orden und die Austheilung von Lehen in seinem Antheil ganz zusammen. S. Heinrich v. L. XXVIII, 8. 9. Bischof Gottfried von Oesel überliess gleich nach Antritt seines Amtes dem Orden ein Drittheil seiner Diöcese. Urk. v. 29. Juni 1228, U.-B. No. 9.1, a. Gleiches ist auch bei den Bischöfen von Curland und von Semgallen vorauszusetzen.

[268]) S. überhaupt v. Bunge, Entwickelung der Standesverhältnisse (Dorpat 1838.) S. 5 fgg. und dessen Geschichte des Livländ. etc. Privatrechts § 55 und 56.

[269]) Schon die bei Heinrich v. L. häufig gebrauchten Ausdrücke: „homines magistri," auch „Letthi, Livones magistri" (s. auch das U.-B. No. 18), bezeichnen deutlich dieses Verhältniss.

pflichtet [270]). Dass der Orden schon besondere Höfe, wie sie später unter dem Namen „alodia" oder „curiae" vorkommen, angelegt und für seine Rechnung habe bewirthschaften lassen, ist nicht wahrscheinlich [271]).

3. Die Landesverwaltung.

Wenn es im dreizehnten Jahrhundert selbst in den grösseren Territorien Deutschlands keine planmässig geregelte Landesorganisation gab [272]), so lässt sich, bei den unfertigen Zuständen Livlands im Anfange dieses Jahrhunderts, dort eine solche noch viel weniger erwarten. Indessen mochte die Organisation des Ordens, als solchen, in mancher Beziehung das Fehlende ergänzen. Die Ordensvorgesetzten, namentlich die Provincial-meister [273]), waren wahrscheinlich zugleich die höheren Verwaltungsbeamten für ihren Bezirk [274]); als untere Beamte finden wir nur die Vögte (advocati) erwähnt [275]), welche keinen

---

[270]) v. Bunge, Entwickelung der Standesverhältnisse S. 4 fg.

[271]) Der ganze Zustand des Landes war nicht dazu angethan: die fast ununterbrochenen Kriege mit den Eingebornen, wie mit den Nachbarn, liessen dergleichen Unternehmungen und Einrichtungen keinen Raum. Vergl. übrigens A. v. Richter, Gesch. der Ostseeprov. I, 121.

[272]) Zöpfl's Rechtsgeschichte II, 282 § 58 No. XI.

[273]) S. oben S. 37 fg.

[274]) Von ihrer bezüglichen Wirksamkeit findet sich eine, für sie allerdings nicht rühmliche Spur bei Heinrich v. L. XVI, 3 fgg.

[275]) Ihrer geschieht nur gelegentlich Erwähnung, z. B. bei Heinrich v. L. XXVI, 5 und 7, wo berichtet wird, dass die Ordensvögte Mauritius in Sackala und Johannes in Ugaunien von den Landeseingebornen erschlagen worden. S. auch das. XXV, 5: „Erant eodem tempore fratres militie cum servis suis in omnibus castris tam Ugaunie quam Sackale, procuran-tes advocatias et congregantes tributa etc." Pabst Gregor IX. giebt in der Bulle vom 8. September 1232 (in diesen Studien, Lief. 1 S. 85) an, die Neubekehrten hätten darüber geklagt, dass die Brüder des Schwertordens und einige (ihrer) Vögte und Richter, welche die weltliche Gewalt ausüben, sie zur Eisenprobe zwingen etc. — Häufiger ist bei Heinrich v. L. von den Vögten des Bischofs von Riga die Rede, z. B. X, 15. XI, 4, XII, 6. XIV, 10. XVI, 3. 5. 7. XVII, 4. XVIII, 2. XXIII, 7. XXV, 2 a. E. Auch über ihre Amtsführung wird übrigens vom Chronisten meist bittere Klage geführt.

festen Sitz hatten, sondern in den ihnen angewiesenen Bezirken
behufs Ausübung ihres Amtes umherreisten [276]). Eine Theilung
der verschiedenen Verwaltungszweige unter diesen Beamten
fand nicht statt: demselben Voigt war sowohl die eigentliche
Administration, insonderheit die Polizei, als auch die Erhebung
der landesherrlichen Einkünfte von den Unterthanen übertragen;
er war aber zugleich auch Richter, d. h. Vorstand des Gerichts,
der die Verhandlungen leitete und das Urtheil verkündete und
vollstreckte [277]). Die Urtheilfinder dagegen, denen das Recht-
sprechen oblag, wurden aus den Standesgenossen der Parteien
genommen [278]). Auch die Aeltesten (seniores) der Landeseingebornen mochten an der Verwaltung Antheil haben [279]);
namentlich waren sie zunächst als Urtheilfinder berufen [280]).

[276]) Heinrich v. L. XI, 4.

[277]) Das. XVI, 7: „Et transivit rex Woldemarus cum eisdem Lettis
in Autine, et fuit cum eis, procurans advocatiam eorum." XVIII, 2: „Ipse
autem Woldemarus in Idumea et in Letthia collegit aes et pecunias,
iudicia iudicans civilia."

[278]) S. überhaupt v. Bunge's Geschichte des Gerichtswesens § 4,
besonders S. 10 Anm. 32. Vergl. auch Heinrich v. L. XII, 6 a. E. und
XVI, 3, sowie unten Anm. 280.

[279]) Diese Aeltesten, noch aus der Zeit vor der Bezwingung der Eingebornen stammend, treten zwar zunächst als Heerführer ihrer Landsleute
im Kriege — sowohl gegen die Deutschen, als auch später mit ihnen —
auf, scheinen aber auch in Friedenszeiten gewissermaassen Gemeindevor-
steher gewesen, und als solche, auch nach der Unterwerfung, mit admini-
strativen Verrichtungen beauftragt worden zu sein. Vergl. v. Bunge's
Einleitung in die Livländ. Rechtsgeschichte § 35. 36. 38.

[280]) Als, nur wenige Jahre nach Auflösung des Ordens der Schwertbrüder, die aufständischen Oeseler von dem Deutschen Orden wieder be-
zwungen worden waren, wurde in dem Unterwerfungsvertrage vom Jahre
1241 (U.-B. No. 169) festgestellt: „Advocatum ad secularia iudicia semel
in anno — recipient (Osilienses), qui de seniorum terre consilio iudicabit,
que fuerint iudicanda." Diese Bestimmung liegt so sehr im Geiste der
Zeit, dass sie nicht als eine singuläre für den vorliegenden Fall angesehen
werden kann; sie wendet vielmehr offenbar nur den damals — also auch
schon zur Zeit des Schwertbrüderordens — allgemein geltenden Grundsatz auch auf diesen speciellen Fall an. Vergl. übrigens noch Heinrich
v. L. XXIX, 7.

Die ganze Verwaltung endlich concentrirte sich in dem Ordensmeister, als Landesherrn, dem eigentlichen Inhaber der Gerichtsbarkeit im Lande. Von ihm konnte, wie bereits früher ausgeführt worden [281]), an den bezüglichen Bischof, als obern Gerichtsherrn, appellirt werden, und zwar vermuthlich nicht bloss in eigentlichen Rechtssachen, sondern auch in Verwaltungs-sachen [282]).

4. Das Landeseinkommen.

In Betreff des Landeseinkommens ist

1) bereits oben [283]) darauf hingewiesen worden, dass un-mittelbar für Rechnung des Ordens Grundstücke wol noch nicht bewirthschaftet wurden, mithin auch keinen Ertrag ge-währten.

2) Ebenso ist von den dem Orden verliehenen nutzbaren Regalien bemerkt worden, dass deren Erträgnisse kaum in Betracht kommen [284]). Eine Ausnahme bildet nur die Gerichts-barkeit, denn von der Erhebung von Gerichtsgefällen und richterlich auferlegten Geldstrafen ist nicht selten die Rede [285]).

3) Das Haupteinkommen bildete der Zehnte (decima), welcher den Landeseingebornen, nach Maassgabe ihrer all-mählichen Unterwerfung und Bekehrung zum Christenthum, all-gemein, als eine von Gott angeordnete Abgabe, auferlegt wurde [286]). Bei den Landestheilungen zwischen den Bischöfen

---

[281]) S. oben S. 65.
[282]) Dies muss schon daraus gefolgert werden, dass Rechtspflege und Verwaltung überhaupt nicht von einander geschieden waren.
[283]) S. 69.
[284]) S. oben S. 65.
[285]) S. z. B. Heinrich v. L. XI, 4. XVI, 7.
[286]) Das. XXVIII, 8: „Episcopus Hermannus abiit in Ugauniam et — — Estonibus — de decima, semper a Deo statuta, competenter docendo proposuit, et receperunt eam, et solvere ceperunt eam deinceps annuatim." § 9. „Fratres autem militie abierunt in Sackalam — — — et decimam ab Estonibus recipiebant."

und dem Orden wurde letzterem auch der Zehnte in seinem Gebiete zuerkannt, jedoch musste er den vierten Theil davon dem Diöcesanbischof entrichten [287]). Im Jahre 1211 wurde, auf Bitte der Landeseingebornen, der Zehnte in einen jährlichen Zins (census) verwandelt, welcher auf ein achtzehn Zoll betragendes Maass (modius) Getreide [288]) von jedem Pferde oder Pfluge angesetzt ward [289]). Dieses Maass durfte weder von den Bischöfen, noch von dem Meister geändert werden [290]). Für den Fall jedoch des Abfalls vom Christlichen Glauben wurde den Schuldigen die Wiedereinführung des Zehnten angedroht [291]). Dieser Zehnte und beziehungsweise Zins war ur-

---

[287]) Bulle Innocenz's III. vom 20. October 1210 (U.-B. No. 16): „Coloni vero predicte sortis (d. i. des Ordensantheils) de parte proventuum ad ipsos spectante decimas ecclesiis suis reddent, de quibus quarta pars episcopo persolvetur etc." Urk. vom J. 1211 (U.-B. No. 18): „— — — tertiam partem de castro Holme in hominibus, agris et decimis sepedicti milites obtinebunt. Ipsi autem quartam partem mensure, que pro decima instituta est, episcopo solvent, quam mensuram nec episcopus, nec ipsi mutabunt." So bekam ferner der Orden seinen Antheil am Bisthum Dorpat (Urkk. vom 23. und 24 Juli 1224, U.-B. No. 62. 63), desgleichen am Bisthum Oesel (Urk. v. 29. Juni 1228, U.-B. No. 99, a): „cum ecclesiis, decimis et omni emolumento temporali;" ebenso seinen Antheil an der Landschaft Tolowa (Urk. v. J. 1224, U.-B. No. 70), sowie am Bisthum Semgallen (s. oben Anm. 191). Vergl. auch noch die Urk. vom 20. April 1226 (U.-B. No. 84) und Heinrich v. L. XI, 3, oben Anm. 224. — In den heimischen Quellen wird zwar des dem Bischofe gebührenden vierten Theiles der Zehnten nur hinsichtlich des Bischofs von Riga ausdrücklich gedacht. Allein diese Quarta decimarum der Bischöfe beruhte auf dem canonischen Rechte jener Zeit (F. Walter's Kirchenrecht § 255. Richter's Kirchenrecht § 308. 309), und gebührte daher ohne Zweifel auch allen andern Bischöfen Livlands. Mit Unrecht zweifelt daran Rathlef a. a. O. S. 12.

[288]) Dies ist höchst wahrscheinlich der Ursprung des unter dem Namen Loof bekannten Livländischen Getreidemaasses.

[289]) Heinrich v. L. XV, 5. Von diesem Zins gebührte dem Bischof die Quarta ebenso, wie von dem Zehnten. Urk. vom Jahre 1211, U.-B. No. 18, oben Anm. 287.

[290]) Urk. vom Jahre 1211, U.-B. No. 18.

[291]) Heinrich v. L. XV, 5. Von der Wiederauferlegung der Zehnten fehlt es nicht an Beispielen. S. ebendas. XVI, 4. Dass im Bisthum Dor-

sprünglich zum Besten der Kirche eingeführt worden [292]), ging aber bald, päbstlicher Verbote [293]) ungeachtet, in den Besitz der Grundherrn über [294]); im Ordenslande wurde er daher zum Besten des Ordens erhoben [295]). Diese Erhebung des Zehnten und des Zinses geschah durch die Vögte, und, wo solche noch nicht angestellt waren, durch besondere Boten [296]).

4) Nicht unbedeutend mochten endlich die Contributionen sein, welche von den aufständischen Landeseingebornen nicht

pat der Zehnte und nicht der Zins erhoben wurde (Heinrich v. L. XXVIII, 8. 9, oben Anm. 286), hängt offenbar hiermit zusammen, da die dortigen Esten erst nach wiederholten Aufständen zum Gehorsam gebracht wurden. Denn sonst finden wir bei den eben besiegten Volksstämmen seit dem Jahre 1211 immer nur den Zins, nicht den Zehnten, eingeführt. Heinrich v. L. XVIII, 3. XXI, 5. 6. Urk. vom Jahre 1231 No. 105. Vergl. auch Hildebrand a. a. O. S. 106 Anm. 2.

[292] Sehr bestimmt spricht sich darüber die Bulle v. 20. Octbr. 1210 (U.-B. No. 16) aus. S. oben Anm. 287. In der Urkunde des Legaten, Bischofs Wilhelm von Modena, vom 11. April 1226 (U.-B. No. 83) wird in den noch zu erobernden Gebieten der Zehnte ausdrücklich den Bischöfen (mit Ausschluss des Ordens) vorbehalten.

[293] S. die Bullen Gregors IX. vom 19. und 24. Februar 1236, U.-B. No. 144. 145.

[294] S. z. B. die Urkunden vom 1. und 27. April 1234, U.-B. No. 135 und 136. Vergl. auch das älteste Livländische Ritterrecht Art. 3: „Dorch dat so vorlenet en (d. i. seinen Vasallen) de bischop er gudt mit aller fryheit, mit tegenden, mit tinsen, und mit aller nutticheit etc." S. auch noch v. Bunge, Geschichte des Livländischen Privatrechts § 33, A. v. Richter, Geschichte der Ostseeprovinzen 1, 119 fg., Rathlef a. a. O. S. 7 Anm. 30.

[295] Zehnte und Zins werden geradezu als Tribut oder Steuer angesehen. Denn nur von jenen kann verstanden werden die Stelle bei Heinrich v. L. XXV, 5: „Erant eodem tempore fratres militie cum servis suis in omnibus castris tam Ugaunie, quam Sackale, procurantes advocatias et congregantes tributa, et episcopo suam partem conservantes." Die „pars episcopi" lässt über die Bedeutung der „tributa" gar keinen Zweifel übrig, zumal von einer anderen Steuer, ausser Zins und Zehnten, sich sonst nirgends eine Spur findet. S. auch A. Hansen in den Verhandll. der Estnischen Gesellschaft II, 3, 20. Ohne allen Grund widerspricht dem Hildebrand a. a. O. S. 119 Anm. 1.

[296] Heinrich v. L. XXV, 5. Urk. vom 20. Decbr. 1234, U.-B. No. 139.

— 74 —

nur in Naturalien, sondern auch in Gelde erhoben wurden [297]),
sowie die in Kriegen gegen dieselben gemachte B e u t e [298]).
Alle diese Einkünfte flossen in den O r d e n s s c h a t z,
welcher von einem Ordensbeamten als Schatzmeister ver-
waltet [299]) und aus welchem alle Bedürfnisse des Ordens und
seiner Mitglieder bestritten wurden [300]).

5. Kriegsverfassung.

Das Wesentliche der Kriegsverfassung ist bei der Darstellung der kriegerischen Organisation des Ordens selbst bereits
erörtert worden [301]). Hier ist daher hauptsächlich nur das-
jenige nachzutragen, was sich auf die Dienstpflicht der übrigen
Classen von Landesbewohnern sowohl, als auch von Fremden,
bezieht.

Obschon der Ordensmeister den Oberbefehl über das ganze
Christenheer hatte [302]), so ging doch das A u f g e b o t z u r
H e e r e s f o l g e nicht von ihm, sondern von den Bischöfen, die
ja seine Lehnsherrn waren, aus, und zwar zunächst von dem
Bischof von Riga [303]). So lange namentlich Albert diese Würde

[297]) S. z. B. H e i n r i c h XVI, 4. Vergl. A. v o n L ö w i s, über die
Verbreitung der Eichen in Livland (Dorpat 1824. 8.) S. 63 fgg.
[298]) H e i n r i c h v. L. XI, 5 a. E XIV, 9. XV, 3. 11. XVIII, 5 XX, 2.
XXI, 3. XXVIII, 5. u. a. m. A. v o n L ö w i s a. a. O. S. 97 fg.
[299]) S. oben S. 39. Vergl. auch den Text zur Anm. 149.
[300]) Ueber diese ist bei der Darstellung der Verfassung des Ordens,
oben S. 26 fgg., das Behufige angegeben worden.
[301]) S. oben S. 24 fgg.
[302]) S. 36.
[303]) H e i n r i c h v. L. X, 8. XI, 5. 6. XIII, 4. XVI, 4. XVIII, 5 u. a. m.
Als später die Zahl der Bischöfe sich vermehrte, ging das Aufgebot von
ihnen gemeinschaftlich aus: H e i n r i c h v. L. XX, 5. Während der häu-
figen Abwesenheit des Bischofs Albert sehen wir einen Stellvertreter,
namentlich öfters seinen Bruder Dietrich, in Gemeinschaft mit dem Ordensmeister, die Dienstpflichtigen zur Heeresfolge aufrufen; war, wie im
Jahre 1210, auch der Meister abwesend, so vertrat seine Stelle, als nächst-
höchster Ordensbeamte, der Meister von Wenden. S. z. B. H e i n r i c h
v. L. XIII, 5. 6. XV, 7. XIX, 3. Nach der Gründung mehrerer Bisthümer
gebührte, in Abwesenheit des einen Bischofs, das Aufgebot dem andern;

bekleidete, übte er, wenn er auch nicht dem Namen nach Erzbischof war[304], dennoch thatsächlich Metropolitanrechte aus[305]
und wurde entschieden als der erste unter den Livländischen
Landesfürsten angesehen[306]. Ihm gebührte also das Recht
des Heerbannes[307] und er berief kraft dessen zur Heeresfolge, ausser dem Orden:

1) die in Deutschland angeworbenen Pilger und Kreuzfahrer, welche in der ersten Zeit den Hauptbestandtheil des
gegen die Landeseingebornen kämpfenden Heeres ausmachten.
Zeitweise scheinen sie eine besondere Abtheilung des Heeres
mit einem eigenen Anführer, dux peregrinorum, gebildet zu
haben[308], sonst aber unter den Abtheilungen des Ordens und
der Bischöfe vertheilt gewesen zu sein. Wenigstens ordnete
im Jahre 1226 der Legat, Bischof Wilhelm von Modena, an,
dass nach der Landung der ersten Schiffe mit Pilgern bei

---

so ging es z. B. im Jahre 1223 von dem Bischof Bernhard von Selonien
aus. Heinrich XXVII, 2. — Aus diesen Verhältnissen erklärt sich auch,
dass zu Localfehden die Genehmigung des Bischofs eingeholt werden
musste (Heinrich XVIII, 4, vergl. mit XI, 8); nur durch Nothfälle
war ein eigenmächtiges kriegerisches Einschreiten eines Unterbefehlsha-
bers entschuldigt. — G. Rathlef a. a. O. S. 43 fgg. berücksichtigt diese
älteren Verhältnisse gar nicht, behandelt vielmehr nur die Kriegsverfassung, wie sie sich nach der Vereinigung des Schwertbrüderordens mit
dem Deutschen Orden gestaltete.

[304] Bischof Alberts Bitte um Erhebung seines Bisthums zur Metro-
pole wurde vom Pabst Honorius III., als nicht zeitgemäss, abgeschlagen.
Bulle vom 7. November 1219 (U.-B. No. 47).

[305] S. die Bullen vom 30. Septbr. 1217, vom 5. Octbr. 1219. U.-B.
No. 40. 43

[306] S. die Urk. des Legaten, Bischofs Wilhelm, vom September 1237
(U.-B. No. 153), in welcher die über die übrigen Bisthümer hervorragende
Stellung und Bedeutung des Rigischen Bisthums betont wird. Vergl.
auch Rathlef S. 11, desgl. Ph. Schwartz, Curland S. 47.

[307] Ueber dieses Recht des Landesherrn s. Eichhorn's Staats- und
Rechtsgesch. § 294. 304. v. Schulte's Rechtsgesch. § 79.

[308] Heinrich v. L. XXVIII, 5: „dux et advocatus peregrinorum."
Die Stelle ist übrigens dunkel und mehrdeutig. S. darüber Scr. rer.
Livon. I, 286 Anm. e und Pabst's Uebers. S. 332 Anm. 33.

Dünamünde, der Bischof von Riga das Recht haben soll, inner-
halb zehn Tagen zehn von den „freiwilligen" Pilgern zu seinem
und seiner Schlösser Dienste auszuwählen; nach Beendigung
dieser zehntägigen Frist ist sowohl dem Probst und dem
Ordensmeister, als auch der Stadt Riga, gestattet, „freiwillige
Pilger" in ihren Dienst zu nehmen [309]). Diese Pilger und
Kreuzfahrer blieben indess in der Regel nur ein Jahr im Lande;
nur einzelne wurden

2) von den Bischöfen dadurch an Livland gefesselt, dass
diese ihnen Lehngüter verliehen [310]), und dergestalt in ihren
Vasallen, viri episcopi, einen neuen Bestandtheil ihres Heeres
schufen.

3) Die Dienstmannschaft der Bischöfe, familia, servi
episcopi, die sehr zahlreich gewesen zu sein scheint, war vorzugsweise zu Kriegsdiensten verpflichtet [311]).

4) Auch die Bürger der Stadt Riga, desgleichen die
daselbst (zeitweilig) sich aufhaltenden Kaufleute [312]), be-
theiligten sich an den Kämpfen gegen die Landeseingebornen.
Die Bürger namentlich bilden, wenigstens seit dem Jahre 1231,
nachdem sie vom Bischof von Riga mit Lehngütern (in Curland) beliehen worden, eine besondere Abtheilung des Heeres [313]).

---

309) Urk. vom 11. April 1226, U.-B. No. 83. Unter den „freiwilligen"
Pilgern, voluntarii peregrini, dürften vermuthlich diejenigen Kreuzfahrer
zu verstehen sein, welche nicht schon in ihrer Heimath sich einem Kreuz-
prediger, namentlich dem Bischof, zu bestimmten Diensten verpflichtet
hatten.

310) Heinrich v. L. V, 2. XXVIII, 8.

311) Das. X, 8. XIII, 1. XIV, 5. 8. XV, 1. XVI, 3. XI, 7 u. a.

312) Ueber deren Betheiligung s. Heinrich v. L. XXVII, 1. 2, und
die Urk. vom 16. Februar 1232, U.-B. No. 125. In dem Handelsvertrage
Riga's mit Smolensk vom Jahre 1229 (U.-B. No. 101) Art. 32 wird aus-
bedungen, dass die in Livland weilenden Russischen Kaufleute nicht
anders, als mit ihrem freien Willen, zur Heeresfolge herangezogen werden
dürfen.

313) S. die Urkunden vom 16. Februar 1232 und vom 1. April 1234,
U.-B. No. 125 und 135. Vergl. übrigens auch oben S. 62.

5) Endlich mussten alle waffenfähigen L a n d e s e i n g e -
b o r n e n, welche sich den Deutschen vertragsmässig unterworfen hatten [314]), oder von ihnen mit Gewalt der Waffen be-
siegt waren [315]), mit zu Felde ziehen [316]), und machten in der
späteren Zeit gewöhnlich die Mehrzahl der Kämpfenden aus [317]).
Die dem Rufe nicht folgenden wurden mit Geldstrafen belegt [318]).
Nur die auf den den Cathedralkirchen zugetheilten Ländereien
angesiedelten Bauern waren von der Dienstpflicht befreit [319]).

Dass das Christenheer nach den vorstehend aufgezählten
Classen abgetheilt war, ist daraus ersichtlich, dass diese Abtheilungen — wenigstens grösstentheils — ihre eigenen B a n n e r
hatten. Das Hauptbanner, dessen am häufigsten gedacht wird,
war das der heiligen Jungfrau Maria, unter welchem die
bischöflichen Heerhaufen kämpften [320]), sodann wird besonders
erwähnt das Banner des Ordens [321]) und das der Stadt Riga [322]).
Selbst die einzelnen Stämme der Landeseingebornen scheinen
ihre eigenen Banner gehabt zu haben, wenigstens wird einmal
des weiss und roth gestreiften Banners der Letten gedacht [323]).

[314]) S. die Unterwerfungsverträge mit den Curen von den Jahren 1230
und 1231, U.-B. No. 103—105.

[315]) H e i n r i c h v. L. XII, 3.

[316]) Das. XI, 6. Bulle Gregors IX. vom 24. Februar 1236, U.-B.
No. 145.

[317]) Dies bezeugt H e i n r i c h v. L. an zahlreichen Stellen. S. namentlich die in der Anm. 303 angeführten.

[318]) Das. XI, 5: „— — mittunt ad omnes Lyvones et Letthos, com-
minantes et dicentes: quicunque non exierit, sequutusque exercitum Christia-
norum non fuerit, trium marcarum pena multabitur."

[319]) Entscheidung des Legaten, Bischofs Wilhelm von Modena, vom
11. April 1226 (U.-B. No. 83), welche sich übrigens nur auf die demnächst
zu gründenden Bisthümer bezieht.

[320]) H e i n r i c h v. L. XI, 6. XII, 3. XVI, 4. XXIII, 9. 10. Reimchronik
Vers 1013 fg.

[321]) H e i n r i c h XIV, 8. XXIII, 9. Urk. vom 7. Juni 1238, U.-B. No. 160.

[322]) Unter diesem fochten die Bürger und die Kaufleute. Urk. vom
16. Febr 1232, U.-B. No. 125.

[323]) Reimchronik Vers 9224 fgg. und dazu T h. K a l l m e y e r in den
Scr. rerum Livon. I, 776.

6. Kirchliche Verfassung.

Bei den verschiedenen Landestheilungen wurden dem Orden
die in seinem Gebiete liegenden Kirchen ausdrücklich mit
übertragen [324]). Dadurch erwarb er sowohl an diesen, als auch
an den von ihm neu erbauten Kirchen, das Patronatrecht.
Vermöge desselben hatte der Ordensmeister das Recht, im Falle
von Vacanzen geeignete Personen dem Diöcesanbischof zu prä-
sentiren, und dieser durfte deren Investitur nicht verweigern [325]).
Unter diesen Geistlichen sind zwei Classen zu unterscheiden:
diejenigen, welche bei den Ordensbrüdern selbst, auf den
Schlössern, sowie im Felde, die Seelsorge versahen, und solche,
welche an den für die übrigen Bewohner des Ordensgebietes
bestimmten Parochialkirchen als Pfarrer angestellt waren.
Jene mussten Ordensbrüder sein, diese waren es nicht [326]).

[324]) S. die in der Anm. 287 citirten Urkunden von den Jahren 1224
und 1228, U.-B. No. 62. 63. 70. 99, a.

[325]) So berichtet Heinrich v. L. XI, 3 a. E.: „Divisa Livonia episcopus (Albertus) sacerdotes in partes suas mittens, fratribus militie partes
suas procurandas reliquit;" und XXVIII, g: „Fratres autem militie abierunt (nach der Theilung der Dorpater Diöcese) in Sackalam, et — — —
sacerdotes in ecclesiis locantes, reditus eis tam in annona, quam in agris,
sufficienter adsignabant, et decimam ab Estonibus recipiebant." Innocenz III. verordnet in der Bulle vom 20. Octbr. 1210 (U.-B. No. 16):
„Fratres et successores eorum ius habebunt, ad prefatas ecclesias (in
dem bei der Theilung dem Orden zugefallenen Gebiete), cum vacaverint,
Rigensi episcopo personas idoneas presentare, quas ipse de cura investiri
non differet animarum." In der Urk. vom 24. Juli 1224 (U.-B. No. 62),
durch welche der Bischof Hermann von Dorpat dem Orden einen Theil
seines Sprengels überlässt, heisst es ebenso: „In illis terris per ecclesias
suas personas idoneas instituent et eas investiendas nobis presentabunt."
Fast wörtlich stimmen damit überein die Urkunden der Bischöfe Gottfried
und Heinrich von Oesel vom 29. Juni 1228 und vom 23. März 1235, U.-B.
No. 99,a und 141,a.

[326]) S. oben S. 31. Diese wichtige Unterscheidung ist bis jetzt nicht
genügend beachtet worden. S. z. B. Hildebrand S. 75. Ganz unklar ist
A. Büttner in den Mittheilungen XI, 4. — Rathlef a. a. O. S. 7
nimmt zwar darauf Rücksicht, verkennt jedoch die eigenthümliche Stellung der Ordenspriester, namentlich deren Gelübde der Armuth. S. unten
Anm. 337.

Zum Unterhalt der letztern [327]), sowie zu den kirchlichen
Bedürfnissen überhaupt, war ursprünglich der Zehnte bestimmt [328]). Nachdem jedoch in der Folge der Zehnte, sowie
der an dessen Stelle getretene Zins, dem Grundherrn zugefallen
war [329]), musste dieser, im Ordensgebiete daher der Meister,
die Verpflichtung zum Unterhalt der Geistlichen und des
Kirchenwesens überhaupt auf sich nehmen [330]). Für den Antheil des Ordens in der Rigischen Diöcese wurde namentlich
bestimmt, dass jede Parochialkirche von dem bischöflichen
Viertheil des Zehnten oder Zinses eine halbe Last, von den
drei Viertheilen des Ordens anderthalb Last Getreide jährlich
erhalten solle, ausser den übrigen Einkünften der Kirche [331])
welche vermuthlich in dem Ertrage von Aeckern und Wiesen
und in Oblationen der Eingepfarrten bestanden [332]). Ob die
im Jahre 1236 erfolgte Anordnung Pabst Gregors IX.,
dass die
Parochialkirchen in allen Diöcesen Livlands ein Drittheil des
Zehnten beziehen sollen [333]), zur Ausführung gekommen, bleibt
dahin gestellt [334]).

In Beziehung auf ihr geistliches Amt (in spiritualibus)
standen sämmtliche Geistliche in den Ordenslanden, nicht nur
die Parochialpfarrer, sondern auch die Ordenspriester [335]), unter

327) Für die Bedürfnisse der Ordenspriester war auf andere Weise
gesorgt. S. oben S. 30.

328) Bulle vom 20. Octbr. 1210: „Coloni — — decimas ecclesiis
suis reddent." S. oben Anm. 287.

329) S. oben S. 72 fg.

330) Heinrich v. L. XI, 3. XXVIII, 9, oben Anm. 325. Vergl. auch
die Urkunden von den Jahren 1230, 1231 und 1234 im U.-B. No. 101 103.
109 und 135, und Rathlef S. 8 Anm. 30.

331) Entscheidung des Legaten, Bischofs Wilhelm von Modena, vom
20. April 1226, U.-B. No. 84.

332) S. z. B. Heinrich v. L. XXVIII, 9, oben Anm. 325.

333) Bulle vom 24. Februar 1236, U.-B. No. 145.

334) Andere Bestimmungen derselben Bulle blieben wenigstens unbe-
achtet. S. oben S. 73 Anm. 293.

335) Die Priesterbrüder oder Capelläne des Templerordens waren zwar
von der Gerichtsbarkeit der Bischöfe eximirt; allein es war dies durch

der Gerichtsbarkeit des bezüglichen Bischofs, dem überhaupt die geistliche Jurisdiction in seiner ganzen Diöcese zustand [336]). Die Ordenspriester waren nur von den sonst üblichen Leistungen an den Bischof — dem Zehnten, den Primitien, den Oblationen und dem Cathedraticum — entbunden [337]). Die an der St. Georgskirche in Riga fungirenden Ordensgeistlichen behaupteten ausnahmsweise dem Bischof gegenüber eine fast ganz unabhängige Stellung [338]). — Dem Bischof stand endlich

besondere Privilegien der Päbste Anastasius IV. vom Jahre 1154 und Alexanders III. vom Jahre 1172 geschehen (Münter a. a. O. S. 368 fgg.), und galt daher nicht auch für den Orden der Schwertbrüder.

[336]) Entscheidungen des Legaten, Bischofs Wilhelm von Modena, vom August 1225 (U.-B. No. 73, b. 74): „Clerici magistri in spiritualibus tantummodo respondeant sub episcopo, et omnes causas spirituales idem episcopus audiat." In der zweiten Urkunde ist in den Entscheidungsworten selbst hinter „clerici magistri" hinzugefügt: „cuiuscunque ordinis vel religionis sint," und auch in der ersten stehen diese Worte, wenngleich vor dem entscheidenden Schlusssatze, der sich aber auf das Vorhergehende bezieht. — Nach einer Entscheidung des Legaten, Bischofs Wilhelm von Modena, vom 28. April 1226 (U.-B. No. 85, a) war die Ausübung der Gerichtsbarkeit über Ordensglieder überhaupt an die Person des Bischofs gebunden: dem Probst wird das Recht dazu abgesprochen. Dies dürfte jedoch nicht auf Fälle zu beziehen sein, wo der Probst im Auftrage des Bischofs, als Archidiaconus, die Jurisdiction ausübte. Vergl. auch Rathlef S. 53 fg. — Ueber die geistliche Gerichtsbarkeit überhaupt und ihren Umfang s. v. Bunge, Geschichte des Gerichtswesens etc. in Livland etc. S. 24 fgg. 33 fg.

[337]) Bulle vom 20. Octbr. 1210 (U.-B. No. 16): „Sed fratres aut clerici, qui eis (i. e. fratribus m. Chr.) spiritualia ministrabunt, nec decimas, nec primitias, nec oblationes, nec cathedraticum ei (i. e. episcopo) solvent." Diese Bestimmung verstand sich übrigens von selbst, da die Priesterbrüder, vermöge des Gelübdes der Armuth, nichts Eigenes hatten, also schon daher nichts abgeben konnten.

[338]) Hinsichtlich dieser dem Orden gehörigen Kirche entschied der Legat, Bischof Wilhelm von Modena, am 5. April 1226 (U.-B. No 82): „Ecclesia autem s. Georgii omnino sit libera tam a iure patronatus, quam a iure parochiali, ab omni persona, ita quod devoti, per tempora servientes in ea, quando tempestivius volunt, pulsare possent omnes horas, die ac nocte, et surgere ad horas suas etc. — — missas celebrent, quando voluerint, in aurora. Item mane, qua hora voluerint, diebus processionum circa ecclesiam suam processionem faciant. Item quando eis placuerit, liceat eis, in sua ecclesia, nisi quando episcopus predicat, publice predi--

als Ausfluss der geistlichen Gerichtsbarkeit und als Mittel zu deren Ausübung, auch. das Visitationsrecht in dem Ordensgebiete zu, und war der Orden verpflichtet, ihn zu dem Behuf auf den Schlössern einmal, auf den Pfarreien zweimal jährlich zu verpflegen [339]).

Bereits im Jahre 1211 versuchte der Orden, den Pabst zur Bestellung eines eigenen Bischofs in dem von ihm neu eroberten Gebiete zu veranlassen, in der Hoffnung, zu diesem eine minder abhängige Stellung einzunehmen, allein er wurde vom Pabste mit seinem bezüglichen Gesuche abgewiesen [340]).

care etc. — — retinentes suam s. Georgii ecclesiam liberam et, ut dictum est, absolutam. — ,— — Scolam vero et scolares, tam de fratribus, quam de alienis, liceat dictis fratribus et in ecclesia et in domibus suis, sicut voluerint, sine alicuius contradictione, tenere. — — — Et quod pro supradictis capitulis non debeant excommunicari vel ad alicuius instantiam interdici." Diese Bestimmungen, in denen eine vollständige Exemtion der Priesterbrüder enthalten zu sein scheint, dürfen aber nur als Ausnahme für die Kirche zu St. Georg angesehen werden, zumal diese Vergünstigungen ausdrücklich nur als ein Aequivalent dafür bezeichnet werden, dass der Orden allen Ansprüchen auf ein Patronats- oder Parochialrecht an der St. Jacobikirche in Riga entsagte. — Vergl. noch über die kirchlichen Verhältnisse des Ordens in Riga überhaupt Rathlef S. 51 fgg. und besonders S. 125 fgg.

[339]) Bulle Innocenz's III. vom 20. Octbr. 1210 (U.-B. No. 16): „Ceterum cum tu (sc. episcope Rigensis) ac tuorum quilibet successorum ipsos (i. e. fratres m. Chr.) duxeritis visitandos, in domo sua cum viginti evectionibus semel vos procurabunt in anno; in plebatibus autem suis bis in anno vos exhibere curabunt." Aehnliche Bestimmungen für die Bisthümer Dorpat und Oesel in den Urkunden vom 24. Juli 1224, vom 29. Juni 1228 und vom 23. März 1235, U.-B. No. 62. 99, a und 141, a. S. auch Rathlef S. 9.

[340]) Bulle Innocenz's III. vom 25. Januar 1212, U.-B. No. 24. Vergl. A. Büttner in den Mittheilungen XI, 5. S. übrigens auch noch die Bulle vom 11. Octbr. 1213, U.-B. No. 29, und dazu Hildebrand a. a. O. S. 94 fg.

XII.

Vereinigung des Ordens der Schwertbrüder
mit dem Deutschen Orden.

Gegen das Ende des dritten Jahrzehends des dreizehnten Jahrhunderts hatte zwar der Orden der Schwertbrüder durch die Besitznahme des Dänischen Estlands den Gipfel seiner Macht erreicht. Allein auch die Zahl seiner Feinde war gewachsen: er musste zunächst den Angriff des damals noch mächtigen Dänemark, Behufs Wiedererlangung Estlands, erwarten; an der Ostgrenze harrten die Russen nur auf eine günstige Gelegenheit, den ihnen entrissenen Theil Est- und Lettlands zurückzugewinnen; im Süden waren Curen und Semgallen noch nicht völlig unterjocht und hinter ihnen drohte das raubsüchtige Volk der Litthauer mit seinen verheerenden Einfällen. Diese Gefahren — durch die Unzuverlässigkeit der mit Gewalt unterdrückten Landeseingebornen, insbesondere der Esten, nicht unwesentlich vermehrt — veranlassten den Ordensmeister Volquin, wahrscheinlich schon im Jahre 1231[341]), zu dem Entschluss, eine Vereinigung seines Ordens mit dem Deutschen Orden anzustreben, welcher gerade damals die Eroberung Preussens in Angriff genommen hatte[342]). Die Verhandlungen darüber zogen sich jedoch etwa sechs Jahre hin, aufgehalten theils durch mancherlei Bedenken des Hochmeisters

---

[341]) S. darüber besonders A. Büttner in den Mittheill. XI, 36 fgg und A. E. Ewald, die Eroberung Preussens durch die Deutschen S. 210 Anmerkung.

[342]) Die Hauptquelle über dieses Ereigniss ist der sog. Bericht des Hochmeisters Hartmann von Heldrungen über dasselbe, welcher neuerdings wieder aufgefunden und von E. Strehlke in den Mittheill. XI, 76 fgg., sowie von Th. Hirsch in den Scr. rer. Pruss. V, 168 fgg. herausgegeben worden ist. Nach der scharfsinnigen Erörterung C. Schirren's in den Mittheill. XI, 260—265 ist dieser „Bericht" nichts Anderes, als die prosaische Umschreibung des Bruchstücks einer verloren gegangenen Reimchronik. Dieselbe Quelle liegt ohne Zweifel auch dem bezüglichen

des Deutschen Ordens, Hermann von Salza, theils und vorzugs-
weise durch die von dem König Waldemar II. von Dänemark
dagegen unternommenen Schritte. Erst die verhängnissvolle
Niederlage der Schwertbrüder durch die Litthauer bei Saule in
Curland, am 22. September 1236, brachte die Sache zur Entscheidung. Am 12. Mai 1237 erfolgte zu Viterbo durch Pabst
Gregor IX., im Beisein des Hochmeisters Hermann von Salza,
die feierliche Aufnahme des Ordens der Schwertbrüder in den
Deutschen Orden, indem der Pabst die anwesenden beiden
Schwertritter von der Regel ihres Ordens lossprach, sie ihre bis-
herige Ordenstracht ablegen, und in die mit dem schwarzen
Kreuz gezeichneten weissen Mäntel der Deutschen Ordensritter
inkleiden liess [343]).

So nahm der Orden der Schwertbrüder, als selbstständige
Genossenschaft, nach etwa drei und dreissigjährigem rühmlichen
Bestehen, ein Ende [344]).

Abschnitt der jüngern Hochmeisterchronik (Scr. rer. Pruss. V, 73—78)
zum Grunde.

[343]) Die vielfach interessanten Einzelheiten bei diesen Verhandlungen
können hier um so [cher übergangen werden, als sie für unser Thema
ohne Bedeutung sind, und überdies der Gegenstand in neuerer Zeit mehrfach ausführlich behandelt worden ist: zuletzt und am übersichtlichsten
von Ewald a. a. O. S. 200—224. S. auch J. Voigt, Geschichte Preussens II, 323—347, G. von Brevern, Studien S. 207—238 und A. Bütt-
ner a. a. O. S. 46—55.|

[344]) Die Darstellung der Wirkungen dieses für die ferneren Geschicke
Livlands so wichtigen Ereignisses würde die für diesen Aufsatz gesteckten
Grenzen überschreiten.

Excurse.

I.
Namensverzeichniss der Schwertbrüder.

Es sind uns in Chroniken und Urkunden die Namen von nur wenigen Schwertbrüdern erhalten worden, überdies — wie freilich in jener Zeit gewöhnlich — meist nur die Vornamen. Selbst von den beiden Meistern des Ordens kennen wir nur diese: Wenno oder Vinno, von 1204 bis 1209, und Volquin oder Volkewin, von 1209 bis 1236. Die ihnen von Schriftstellern des sechszehnten Jahrhunderts beigelegten Geschlechtsnamen (von Rohrbach dem erstern und Schenk von Winterstedten dem letztern) sind als apokryph anerkannt. Ausserdem sind uns die Namen von neun Ordensbeamten, fünfzehn Ritterbrüdern und drei Priesterbrüdern aufbehalten; von den wenigsten derselben erfahren wir aber mehr, als dass sie als Urkundenzeugen auftreten, einzelne Heldenthaten vollbringen oder in einer Schlacht fallen. Bei den wenigen, deren Vornamen ein Bei- oder Zuname hinzugefügt ist — es sind ihrer acht bis neun — giebt dieser Zuname nirgends einen Anhalt, auf deren Stand zu schliessen; jedenfalls gehört keiner der Namen einem bekannten ritterbürtigen Geschlechte an.

Wir lassen nunmehr in alphabetischer Reihe die einzelnen Namen folgen, mit Angabe ihrer Würde, und der Jahre, in welchen sie in den Quellen genannt werden. Von den letztern bezeichnet: H. = Heinrich von Lettland; R. = die Livländische Reimchronik; Hld. = Hartmann von Heldrungen's Bericht; UB. = v. Bunge's Urkundenbuch. — OR. bedeutet Ordensritter; OP. = Ordenspriester. — Ein † hinter einer Jahrzahl zeigt den in diesem Jahre erfolgten Tod der Person an.

Arnold, OR. 1206—1211†. — H. X, 8. XIV, 8. 9. XV, 1.

Bertold, Provincialmeister von Wenden, 1208—1216†. — H. XII, 6. XIII, 2. 5. XIV, 5. 6. 10. XV, 1. 7. — UB. No. 18. — S. auch oben S. 37 fg.

Conrad, OR. 1232. — UB. No. 125.

Constantin, OR 1211—1217†. — H. XX, 7. — UB. No. 18.

Eberhard, OR. 1211†. — H. XV, 3.

Friedrich Tumme, OR. 1232. — UB. 125. Wahrscheinlich ist
mit ihm identisch der noch im Jahre 1241 genannte Ordens-
marschall Fridericus Stultus. UB. No. 169.

Gerefried (auch Gerbert) Wirdik (Wridik, Widiken), OR. 1231
bis 1238. — UB. No. 105. 109. 125. 159, a.

Gerlach Rothe, OR. 1237. — IIId.

Hartmuth, Pfleger zu Aschrade, 1209? — R. Vers 660 fgg.

Hartwich, OP. 1220—1223. — H. XXIV, 6. XXVI, 7.

Helias, OR. 1218†. — H. XX, 7.

Johannes, OP., Capellan des Ordensmeisters, 1209†. — H. XIII, 2.

Johannes, Ordensvoigt in Ugaunien, 1222†. — H. XXVI, 7.

Johannes von Magdeburg, OR. 1236. — Hld.

Johannes der Selige (auch Salinger), OR. 1236. — Hld. —
S. über ihn Strehlke in den Mittheil. XI, 93.

Lupprecht, Pfleger zu Aschrade, 1219? — R. Vers 1493 fgg.

Marquard, OR. 1210. 1211. — H. XIV, 5. UB. No. 18.

Marquard von Burbach, Pfleger zu Aschrade, 1228. — R. Vers
1736—87. — Mit ihm ist möglicher Weise identisch:

Marquard von Thüringen, OR. 1231. — UB. No. 105. —

Mauritius, Ordensvoigt in Sackala, 1222†. — H. XXVI, 5.

Otto, OP. 1215. — H. XVIII, 7.

Reymunth, Comthur zu Wenden, 1236. 1237. — Hld.

Rodolf, Provincialmeister zu Segewold, dann zu Wenden, 1211
bis 1220. — H. XVI, 3. XXIII, 5. 6. 7. XXIX, 2. UB. No. 18.
S. oben S. 38. — Mit ihm ist vielleicht identisch:

Rodolf von Cassel, OR. 1229—1238. — UB. No. 101. 105.
109. 159, a.

Ruther, OR. 1211. — UB. No. 18. Wahrscheinlich dieselbe
Person mit dem im Jahre 1238 genannten Ordensmarschall
Rutcher. UB. No. 159, a.

Theoderich, OR. 1223†. — H. XXVII, 1.

Wigbert, OR., Mörder des Ordensmeisters Wenno, 1209†. —
H. XXII, 2. — Die R. Vers 687 fgg. nennt ihn von Sosat,
Pfleger zu Wenden.

II.

Das Erforderniss der Ritterbürtigkeit für die Ritterbrüder des Schwertordens.

„Jo. Messenius, Scondia t. 10 p. 6, non sine specie veri gladiferorum primos senatorum Bremensium et Lubecensium (addo et Hamburgensium) filios facit; qualis potuit esse Vinno magister, cum avitae imagines in his militibus recipiendis desideratae non legantur." Seit diesem Ausspruch J. D. Gruber's, des ersten Herausgebers der Chronik Heinrichs von Lettland [1]), ist es zu einem Glaubenssatze fast aller Livländischen Geschichtsschreiber geworden, dass es, um Schwertritter zu werden, der Ritterbürtigkeit des Bewerbers nicht bedurft habe. F. C. Gadebusch [2]) folgt Grubern blindlings. W. C. Friebe [3]) meint: „Stiftsfähige Anen wurden nicht nothwendig erfordert, um Schwertritter zu werden; auch Bürgerliche konnten diese Ehre mit dem Adel theilen." H. von Jannau [4]): „Die Geburt war nicht bestimmt, und konnte auch nach den damaligen Umständen nicht bestimmt werden. Man nahm, wer sich werben liess, adelig oder bürgerlich." G. Merkel [5]): „Der Schwertbrüderorden wurde 1202 gestiftet: Adelige und Bürgerliche drängten sich eifrig in denselben." Unter den Neuern schreibt O. v. Rutenberg [6]): „Die Ritter (des Schwertbrüderordens), unter denen übrigens Nichtritterbürtige im Anfange die Mehrzahl bildeten, etc." A. Hansen [7]) scheint sogar aus dem gleichen (vielmehr nur verwandten) Vornamen (Winand) Lübeck'scher Bürger auf deren Verwandtschaft mit dem ersten Meister der Schwertbrüder schliessen zu wollen! Zweifel an der Richtigkeit dieser Ansicht hegt unter den Aeltern nur G. C. von Ziegenborn [8]). A. von Richter [9]) ist der einzige, welcher in Beziehung auf „die eigentlichen Ritter, milites" bemerkt, dass sie „von ritterlicher Geburt sein mussten."

[1]) Origines Livoniae (1740) pag. 58 Not. f.
[2]) Livländische Jahrbücher (1780) I, 1. S. 39.
[3]) Handbuch der Geschichte Livlands (1791) I, 68.
[4]) Geschichte von Liv- und Estland (1793) I, 48.
[5]) Die Vorzeit Livlands (1798) I, 352.
[6]) Geschichte der Ostseeprovinzen (1859) I, 63.
[7]) Scriptores rer. Livon. (1853) I, 128 Anm. f.
[8]) Staatsrecht der Herzogthümer Curland und Semgallen (1772) § 12.
[9]) Geschichte der Ostseeprovinzen (1857) I, 132.

Forscht man nach den Gründen für jene so sehr verbreitete Ansicht, so besteht der einzige ausdrücklich angeführte in dem leidigen argumentum a silentio: „weil die rittersmässige Geburt oder gar die Ahnenprobe nirgends als Erforderniss verlangt werde." Dieses Stillschweigen erklärt sich jedoch ganz einfach: Einerseits wird in keiner gleichzeitigen Urkunde oder Chronik über die Aufnahme eines Ritters in den Orden berichtet; es hat mithin an jeder Gelegenheit gefehlt, von den Erfordernissen für die Aufnahme zu handeln. Andererseits war im dreizehnten Jahrhundert der Grundsatz, dass nur ein Ritterbürtiger Ritter werden könne, so allgemein anerkannt [10]), dass man daraus vielmehr umgekehrt folgern kann: wer nicht ritterbürtig war, konnte auch nicht Ordensritter werden, „weil einer solchen Ausnahme von jener Regel nirgends gedacht wird."

Schon eher hätten die Vertheidiger jener Ansicht sowohl eine Urkunde, als auch einen gleichzeitigen Chronisten anführen können, welche zu ihren Gunsten zu sprechen — scheinen, und daher einer genaueren Beleuchtung bedürfen.

1) In dem Vertrage des Ordens der Schwertbrüder mit dem Rigischen Rathe vom 18. April 1226 [11]) heisst es: „Unicuique civium liceat, se transferre ad ordinem et collegium fratrum militie Christi, cum omnibus bonis suis mobilibus et immobilibus." Allein das „se transferre in ordinem et collegium" ist keineswegs gleichbedeutend mit der Erwerbung der Würde {eines Ordensritters. Denn, selbst angenommen — nicht zugegeben, — dass damit die Erwerbung der wirklichen Mitgliedschaft des Ordens gemeint ist, so gab es einerseits ausser den Ordensrittern noch andere Classen von Ordensbrüdern, bei welchen nur auf freie Geburt gesehen wurde; andererseits aber konnten ja cives auch ritterbürtig sein [12]), und diese natürlich auch Ritterbrüder werden. Uebrigens ist über die wahre Bedeutung jener Vertragsbestimmung bereits oben das Behufige angegeben worden [13]).

[10]) Eichhorn's Deutsche Staats- und Rechtsgesch. § 242 und 341. Walter's Deutsche Rechtsgesch. § 218. Zöpfl's Deutsche Rechtsgesch. II. § 17. v. Bunge, Entwickelung der Standesverhältnisse Abschn. II. § 1 und 5.

[11]) v. Bunge's U.-B. No. 2717.

[12]) Dessen Geschichte des Privatrechts § 26.

[13]) S. oben S. 33 und 63.

2) Der bekannte Chronist A l b e r i c h berichtet zum Jahre
1232 [14]): „Domnus Balduinus de Alna, ad partes Livonie a cardinali
Ottone transmissus, quibusdam terris paganorum in magna quantitate
acquisitis, revertitur, veniensque ad curiam Romanam, invenit ibi
quosdam adversarios suos, qui se vocabant milites D e i. Isti
ab episcopo Theoderico primo fuerunt instituti, et cum dicant, se
Templariorum ordinem tenere, in nullo tamen subiiciuntur Templa-
riis, sed cum sint m e r c a t o r e s et di ites, et olim a Saxonia pro
sceleribus banniti, iam in tantum excreverunt, quod se posse vivere
et sine lege et sine rege credebant. Cum itaque domnus Balduinus
significasset domno pape, que facta sunt, constitutus est episcopus
Semigallie et legatus totius Livonie." — Der sonst als so wohl
unterrichtet und glaubwürdig anerkannte Alberich bezeugt hier also
mit dürren Worten, die Schwertritter seien Kaufleute, mithin nicht
ritterbürtig gewesen, denn die Sitte jener Zeit hielt Handel und Ge-
werbe für unverträglich mit dem Ritterstande. Allein man beachte
zunächst die Quelle, aus welcher Alberich diese Nachrichten schöpft:
die offenbar feindselige Schilderung der Schwertbrüder kann nur von
einem Widersacher derselben ausgegangen sein, verräth nur zu deutlich den ränkevollen Balduin von Alna [15]) als ihren Urheber [16]),
und ist daher nur mit grösster Vorsicht zu beurtheilen. Ein wahrer
Kern mag der Darstellung zum Grunde liegen, allein derselbe ist
durch tendenziöse Uebertreibung maasslos entstellt. Dieselben Vorwürfe: dass er Handel treibe, dass er sich aus Verbrechern recrutire,
wurden in späterer Zeit nicht selten auch dem Deutschen Orden
in Livland von seinen Feinden gemacht, und es ist nicht zu leugnen,
dass derselbe die Erzeugnisse seines Landes nicht immer durch
Vermittelung von Kaufleuten, sondern oft durch seine eigenen
Agenten, in den Handel brachte, sowie dass er zuweilen auch Be-
strafte und Gebannte — allein erst nach ihrer Absolution — zu

[14]) In P e r t z, monum. Germ. XXIII, 930.
[15]) S. über ihn die erste Lieferung dieser Studien S. 39 fgg. und die
daselbst Anm. 146 angeführten Schriften, denen jetzt noch hinzuzufügen
ist: Ph. S c h w a r t z, Curland im dreizehnten Jahrhundert S. 20 fgg. Vergl.
auch noch G. v. B r e v e r n 's Studien I, 208 fgg. und A. B ü t t n e r in den
Mittheilungen XI, 17 fgg.
[16]) S. auch H i l d e b r a n d, die Chronik Heinrichs v. L. S. 70 Anm. 3
und die daselbst angeführte Abhandlung von W i l m a n s in dem Archiv
für Deutsche Geschichtskunde X, 216 fgg.

Mitgliedern aufnahm [17']. Und viel mehr wird man auch den Schwertbrüdern nicht zum Vorwurf machen dürfen; ja man kann zugeben,
dass bei ihnen namentlich das letztere Verhältniss in noch grösserem
Umfange, als bei dem Deutschen Orden, zur Geltung kam.
Gerade im Anfange des dreizehnten Jahrhunderts finden wir in Deutschland
in grosser Zahl Raubritter, welche, vom Bann getroffen, um sich von
demselben zu lösen, den Kreuzzug nach Livland gelobten; hier angelangt, mochten so manche von ihnen in den Orden treten. Ihrer
Ritterbürtigkeit aber thaten jene Antecedentien keinen Eintrag.
Wenn demnach auch diese beiden gleichzeitigen Zeugnisse weit
davon entfernt sind, den Beweis dafür zu liefern, dass auch Nichtritterbürtige Ritterbrüder des Schwertordens werden konnten, so
spricht dagegen auf das Entschiedenste der bereits oben angeführte,
seit dem zwölften Jahrhundert in Deutschland, wie nicht weniger in
Livland, allgemein geltende und streng beobachtete Grundsatz, dass
Niemand überhaupt Ritter werden konnte, der nicht ritterbürtig
war [18]). Endlich aber fehlt es auch nicht — wie die Gegner
meinen — an einer ganz directen, speciell auf unsern Fall gerichteten Vorschrift: die Statuten des Templerordens stellen ausdrücklich als eine der Bedingungen der Aufnahme in die Classe der
Ritterbrüder die Ritterbürtigkeit auf [19]). Zu der Annahme, dass
dieses in den Ansichten der Zeit so tief begründete Requisit für die
Schwertbrüder keine Geltung gehabt habe, ist auch nicht der ent-
fernteste Grund vorhanden [20]).

[17]) Die Streitigkeiten, in welche der Orden seit dem Ende des dreizehnten Jahrhunderts mit den Bischöfen und der Stadt Riga gerieth, för-
derten eine grosse Zahl von Beschuldigungs- und Rechtfertigungsschriften
zu Tage, welche das im Texte Angeführte bezeugen, und wegen deren
an diesem Ort genügen mag, auf das Sachregister zum sechsten Bande
des Urkundenbuchs, u. d. W. Deutscher Orden, zu verweisen.

[18]) Nur der Kaiser hatte das Recht, von diesem Requisit zu dispen-
siren. S. die Citate in der Anm. 10.

[19]) Statuten des Templerordens B I. Tit. 2 § 6 und dazu Münter
S. 35 Anm. ****) und S. 318. Ueber die Verhältnisse beim Deutschen
Orden s. v. Bunge, Entwickelung der Standesverhältnisse Abschn. II.
§ 6 No. 2.

[20]) Dass, wie oben S. 84 bemerkt worden, unter den wenigen erhal-
tenen Zunamen von Schwertrittern kein Name eines bekannten ritterbürtigen Geschlechts vorkommt, beweist nichts dagegen.

III.

Die Abzeichen auf den Mänteln der Schwertritter.

In der Bulle vom 20. October 1210 verordnete Pabst Innocenz III., die Brüder des Ritterdienstes Christi sollten — unter Beobachtung der Regel des Templerordens — auf ihrem Habit **e i n
a n d e r e s A b z e i c h e n** (alind in habitu signum) tragen, um dadurch zu zeigen, dass sie jenem nicht untergeben seien. Heinrich
von Lettland (VI, 6) ergänzt dies durch die Angabe, das Abzeichen
habe bestanden in S c h w e r t u n d K r e u z: „signum in veste feren-
dum dedit (papa), scilicet gladium et crucem." Diese Abzeichen
wurden auch in das Wappen des Ordens der Schwertbrüder aufgenommen, wie es in dem wohlerhaltenen Siegel des Ordensmeisters
Volquin an einer im Rigischen Rathsarchive aufbewahrten Urkunde vom Jahre 1225 (UB. No. 75) erscheint und nachstehend ab-
gebildet ist.

Man kann sich kaum vorstellen, was die Phantasie von Chronisten und Geschichtsschreibern aus diesen einfachen Abzeichen
gemacht hat: wir finden bei ihnen mehr als zwanzig von einander

abweichende Beschreibungen und Abbildungen der Insignien unseres Ordens! Die Verschiedenheit betrifft nicht nur die — in obigen Quellen nicht angegebene — Farbe der Insignien und der Stellung der letztern zu einander, sondern auch, und zwar hauptsächlich, die Bestandtheile der Insignien — die Wappenbilder — selbst. Nur darin stimmen Alle — die dessen überhaupt erwähnen — mit einander überein, dass die Insignien auf dem weisse͵n Mantel der Ritterbrüder angebracht waren.

Wenn nun auch die Aufzählung solcher Phantasiegebilde an und für sich von keinem wissenschaftlichen Werthe ist, so hat sie doch insofern ein litterarhistorisches Interesse, als sie — zweckmässig benutzt — die Herstellung einer Art Genealogie der Livländischen Geschichtsschreiber ermöglicht, durch den Nachweis der ersten Urheber jener einzelnen Irrthümer, und der Richtung, in welcher dieselben sich weiter fortgepflanzt haben. Zu diesem Zweck erscheint es angemessen, sowohl um die Uebersicht der Varianten zu erleichtern, als auch um die Wiederholung von Citaten zu vermeiden, ein chronologisch geordnetes Verzeichniss der bezüglichen Schriften [1]), mit Angabe der von der Sache handelnden Stellen, vorauszuschicken:

1) 1209. Arnoldi Lubecensis chron. Slavorum c. 9, pag. 216 des Sonderdrucks aus Pertz, monum. Germ.
2) 1290. Die ältere Livländische Reimchronik Vers 2010—14.
3) 1326. Petri de Dusburg cronica terre Prussie II, 4. Scr. rer. Pruss I, 35.
4) 1330? Hartmanns von Heldrungen Bericht in den Mittheill. XI, 85.
5) 1378. Hermanni de Wartberge chronicon Livoniae. Das. II, 23.
6) 1480. Joh. Dlugosz, Historia Poloniae L. VI., ad an. 1205 & 1224.

[1]) Dieses Verzeichniss liesse sich noch vermehren durch die verschiedenen Weltchroniken, desgleichen durch Schriften über die Ritterorden im Allgemeinen und manche andere, ältere und neuere Werke, welche uns zur Zeit nicht zur Hand waren. Indessen dürfte daraus schwerlich Neues gewonnen und namentlich durch sie die Zahl der Variationen überhaupt nicht, oder doch nicht wesentlich, vermehrt werden

7) 1500? Die jüngere (grosse) Hochmeisterchronik c. 140.
Scr. rer. Pruss. V, 73.

8) 1517. Alberti Krantzii Saxonia L. VII. c. 14.

9) 1558. Martin Cromer, de rebus gestis Poloniae L. VII.
p. 184.

10) 1564. Augustini Eucaedii Aulaeum Dunaidum Vers 321
bis 324, in den Scr. rer. Livon. II, 407.

11) 1578. Balth. Rüssouw, Chronica der Prov. Lyfflandt, das.
II, 12.

12) 1579. Joh. Naucleri Chronica Vol. III. gener. 12.

13) 1580? Lucas David, Preussische Chronik II, 6 fgg. 9. 197.

14) 1582. Johann Renner, Livländische Historien S. 22.

15) 1589. Origo et initium ordinis Teutonici in Prussia, in
v. Bunge's Archiv VIII, 61.

16) 1592. Barthol. Grefenthal, Livl. Chronik, in den Monum.
Liv. V, 4.

17) 1595? Kleine Livländ. Meisterchronik, im Archiv VI, 288.

18) 1599. Matthias Waissel, Preussische Chronik Fol. 55, b.

19) 1600. Moritz Brandis, Livländ. Chronik, in den Monum.
Liv. III, 1, 68. 69.

20) 1609. Franz Nyenstedt's Chronik c. 10, in den Monum. Liv.
II, 21.

21) 1611. Dionys. Fabricius, Livon. historiae compend. series,
in den Scr. rer. Liv. II, 445.

22) 1618. Melchior Fuchs, das rothe Buch, in den Scr. rer.
Livon. II, 732.

23) 1670. Deduction über des Deutschen Ordens Ansprüche auf
Livland, in v. Bunge's Archiv VII, 26.

24) 1676. Thomas Hiärn, Livländ. Geschichte, in den Monum.
Liv. I, 74.

25) 1685. Conr. Samuel Schurzfleisch, de ordine ensiferorum c. 5.

26) 1695. Christian Kelch's Livländ. Geschichte S. 54.

27) 1705. Baron de Blomberg, description de la Livonie p. 40.

28) 1721. Pierre Helyot, histoire des ordres monastiques, reli-
gieux et militaires. III, 151.

29) 1772. Georg Christoph von Ziegenhorn, Staatsrecht
der Herzogthümer Curland und Semgallen § 12.

30) 1776. Gustav Bergmann, Geschichte von Livland S. 4.
31) 1780. Friedr. Conr. Gadebusch, Livländ Jahrbücher I,
    1, 39.
32) 1785. Ludw. Albr. Gebhardi, Geschichte Livlands, in der
    allgemeinen (Halle'schen) Welthistorie L., 321.
33) 1791. Wilh. Christian Friebe, Handbuch der Geschichte
    Livlands I, 68.
34) 1791. Joh. Christoph Schwartz in Hupel's nord. Mis-
    cellan. XXVII. 68 fg.
35) 1793. Heinr. von Jannau, Geschichte Liv- und Estlands
    I, 27.
36) 1797. Joh. Christoph Brotze in Hupel's neuen nord.
    Miscellan. XVII, 63 fg.
37) 1798. Garlieb Merkel, die Vorzeit Livlands I, 353.
38) 1806. Henr. Aug. Georg. de Pott, commentatio de gladiferis.
39) 1817. Comte de Bray, essai sur l'histoire de Livonie I, 96.
40) 1825. Benj. Bergmann, Magazin für Russlands Geschichte
    I, 1, 6.
41) 1827. Johannes Voigt, Geschichte Preussens I, 409. 462.
42) 1834. Friedrich Hurter, Geschichte Innocenz's III. I, 299.
43) 1842. Derselbe, das. IV, 386.
44) 1857. Alex. von Richter, Geschichte der Ostseeprovinzen
    I, 88.
45) 1859. Otto von Rutenberg, Geschichte der Ostseeprovinzen
    I, 63.
46) 1865. Hermann Hildebrand, die Chronik Heinrichs von
    Lettland S. 58.
47) 1867. Carl Cröger, Geschichte Liv-, Est- und Curlands I. 31.
48) 1872. Alb. Ludwig Ewald, die Eroberung Preussens I, 21.
49) 1875. Georg Rathlef, das Verhältniss des Livländ. Ordens
    zu den Landesbischöfen S. 10.
50) 1875. A. Fahne, Livland S. 35.

Nach der Verschiedenheit der in diesen Schriften beschriebenen
und zum Theil abgebildeten Abzeichen lassen sich nicht weniger
als sieben Hauptclassen unterscheiden, in deren jeder die geringeren
Abweichungen ihre Berücksichtigung finden werden. In keine dieser
Classen gehört übrigens die Reimchronik, da sie des besondern Ab-
zeichens zwar gedenkt, dasselbe jedoch nicht näher angiebt.

A. Schwert und Kreuz.

Diese allein richtigen Insignien sind in zwei und zwanzig von den oben verzeichneten Schriften anerkannt; allein unter ihnen giebt es nicht wenige Variationen:

1) Der Quelle, Heinrich von Lettland, folgen ganz einfach nur Wartberge, Nauclerus, · von Ziegenhorn, G. Bergmann, Gebhardi, Voigt, von Richter, Hildebrand, Rathlef. Ausserdem können auch Schwartz und Brotze in ihren Beschreibungen des Ordenssiegels hierher gezogen werden; desgleichen Krantz, sofern er den Schwertbrüderorden „ordo crucegladiatorum" oder „gladiocruciatorum" nennt.

2) Nähere Angaben finden sich
   a) über die Farbe der Abzeichen:
      α) Schwert und Kreuz bezeichnen als roth: Gadebusch, Friebe, von Pott, de Bray, von Rutenberg.
      β) Der rothen Farbe nur des Schwertes gedenkt Ewald,·
      γ) nur des Kreuzes Fuchs und Merkel.
      δ) Cröger nennt das Schwert roth, das Kreuz schwarz. Vergl. darüber unten Classe G.
   b) über die Stellung der beiden Abzeichen zu einander:
      α) Dlugosz giebt an, dass das Kreuz über dem Schwert angebracht ist; und dies ist das Richtige, wie es auch bei Schwartz und Brotze, und oben S. 90 in der Abbildung des Ordenssiegels erscheint. Dagegen lässt
      β) Ewald das Schwert neben dem Kreuze stehen, und
      γ) die Abbildung bei von Pott stellt das Schwert als auf dem Kreuze liegend dar.
   c) Rathlef behauptet, die Schwertritter hätten ursprünglich das Gewand der Templer getragen, und erst seit dem Jahre 1210 — in Folge der Bulle Innocenz's III. — sei das Schwert hinzugekommen. Er beruft sich deshalb auf Hildebrand, der aber nichts davon weiss. Es dürfte gegen diese Ansicht sprechen, dass Arnold von Lübeck, dessen Chronik mit dem Jahre 1209 schliesst, bereits des Schwertes Erwähnung thut. S. unten Cl. C. — Ueber eine ähnliche Behauptung Brandis' s. Cl. B, 6.

B. Schwert und Stern.

Einen Stern und ein Schwert findet man als Abzeichen der Schwertritter zuerst angegeben bei Peter von Dusburg und in dem sogenannten Bericht von Heldrungen's. Ihnen folgen die jüngere Hochmeisterchronik, Rüssouw, David, Grefenthal, die kleine Meisterchronik, Waissel, Brandis, Fabricius, Hiärn; von Neuern v. Jannau und Benj. Bergmann. Ehe das Verhältniss Dusburg's und v. Heldrungen's zu einander, sowie [zu einer möglichen gemeinsamen Quelle beider, festgestellt ist [2]), wird es kaum möglich sein, über den Urheber dieser Variation der Ordensabzeichen allendlich zu entscheiden. Bis dahin dürfte die Meinung Voigts [3]) viel für sich haben, dass Dusburg in seinem etwas unklaren Berichte die Insignien nicht des Livländischen Schwertordens, sondern des nach dessen Vorbilde gestifteten Ordens der Ritterschaft Christi von Dobrin im Auge gehabt, und dass seine Angabe nur durch ein Missverständniss auf den Livländischen Orden bezogen worden ist [4]). Ist dem so, so läge darin auch ein Argu-

---

[2]) Vergl. darüber Th. Hirsch in den Scr. rer. Pruss. V, 153 fgg. 168 fgg.

[3]) Geschichte Preussens I, 409 Anm. 2.

[4]) Petrus de Dusburg P. II. c. 4 (in den Scr. rer. Pruss. I, 35): „Cum itaque predictus dux (scil. Massovie, Conradus) videret, terram suam sic miserabiliter deficere, nec eam posset aliqualiter defensare, de consilio fratris Cristiani, episcopi Prussie, et quorundam nobilium, pro tuitione terre sue instituit fratres, milites Cristi appellatos, cum albo pallio, rubro gladio et stella, qui tunc in partibus Livonie fuerant et multas terras subiugaverant fidei Cristiane, et episcopus predictus quendam virum discretum, Brunonem dictum, et cum eo quatuordecim alios ad dictum ordinem investivit." Unklar ist hier, ob Herzog Conrad einen neuen Or-den nach dem Muster des Livländischen Schwertordens gestiftet, oder eine Anzahl von Schwertbrüdern aus Livland nach Preussen berufen. Letzteres wird zwar von späteren Chronisten, namentlich von M. Cromer a. a. O. B. VII. S. 131, L. David II, 6 fgg., J. Renner S. 26 u. A., behauptet, allein durch gleichzeitige Urkunden (vom 4. Juli und 20. October 1228) widerlegt, welche unzweideutig die Stiftung des Ordens als eine selbstständige, „more Livoniensi" oder „ad exemplar militie Christi de Livonia" erfolgte, bezeugen. S. über den Dobriner Orden überhaupt J. Voigt, Geschichte Preussens I, 460 fgg. II, 187. 260, und dessen daselbst angeführte Geschichte der Eidechsengesellschaft in Preussen (Königsb. 1821) S. 250 fgg. E. A. Herrmann, rationis quae ordini mili-

ment mehr für den jüngern Ursprung des v. Heldrungen'schen Berichts, und wäre dann letzterem die Urheberschaft dieses Irrthums zuzuschreiben.

Im Einzelnen weichen auch die obangegebenen Theilnehmer an diesem Irrthum mehrfach von einander ab:

1) Schwert und Stern erscheinen beide roth in der Hochmeisterchronik, bei Grefenthal, Waissel und Benj. Bergmann.

2) Nur das Schwert bezeichnen als roth: Dusburg, v. Heldrungen, David, die kleine Meisterchronik, Brandis, v. Jannau; dagegen

3) nur den Stern von derselben Farbe: Rüssouw, Fabricius, Hiärn.

4) Dass der Stern ü b e r dem Schwerte angebracht sei, sagen die Hochmeisterchronik, David, Waissel, Benj. Bergmann.

5) Die Hochmeisterchronik nennt das Schwert: ein Schwertkreuz („ein roet zveert cruys"), was wol ein Schwert in Kreuzesform bedeuten soll, wie es auch von Waissel verstanden worden ist, der dafür „Kreutzswerd" setzt. Dagegen macht Russouw daraus ein „Rydtschwerd" und Hiärn ein „Reitschwerd". Am genauesten ist die Beschreibung bei L. David: „ein roth Schwert mit s e i n e m Kreuze, und oben am Knopfe ein Kreuz, wie ein Stern."

6) Brandis nennt als ursprüngliches Abzeichen nur „ein rothes Kreuz", wol das der Templer. Nachdem er dann über die (angeblich erst später erfolgte) Wahl des ersten Meisters berichtet, führt er fort: „Es ward auch das Zeichen ihrer Kleidung, nämlich das rothe Kreuz, in ein rothes Schwerdt mit einem Stern verwandelt, daher sie hernach, anstatt des Namens Gottes-Ritter, die Schwerdtbrüder genannt worden." Vergl. übrigens hierzu das oben, Cl. A, 2, c, Bemerkte.

C. Schwert.

Arnold von Lübeck führt als einziges Abzeichen das Schwert an; ebenso Cromer, und, mit Beziehung auf diesen, Hurter in dem ersten Bande seiner Geschichte Innocenz's III. Die beiden letztern geben überdies dem Schwerte die rothe Farbe.

---

tari Teutonico cum ordine ecclesiastico — — in Prussia intercesserit explicatio (Berol. 1837) pag. 18 fgg. A. L. Ewald, die Eroberung Preussens I, 116 fgg.

D. Zwei Schwerter.

Der erste, bei dem diese Eigenthümlichkeit sich findet, ist Renner: demnächst folgen nach einander die Deduction vom Jahre 1670, Schurzfleisch, Kelch, Baron Blomberg, Helyot, Hurter im vierten Bande seines Werkes und Fahne. Unter ihnen sind wieder zu unterscheiden:

1) Renner, Kelch und von Blomberg, welche den beiden Schwertern auch noch einen Stern hinzufügen.

2) Die Deduction, Schurzfleisch, Helyot, Hurter und Fahne geben den Schwertern, Kelch und von Blomberg auch dem Stern die rothe Farbe.

3) Renner bemerkt, die beiden Schwerter seien „über einander geschrenkt", die Deduction, Kelch, Hurter und Fahne schildern sie als „kreuzweis über einander liegend", Helyot giebt für die Lage genauer die Form des St. Andreaskreuzes an, v. Blomberg bezeichnet, damit gleichbedeutend, die Lage: „au sautoir".

4) Genau genommen spricht Helyot von zwei K r e u z e n: „ils portaient deux croix rouges en forme de croix de St. André". Allein auf der beigefügten Abbildung eines Schwertritters sieht man sowohl auf dessen Mantel, als auch auf dem Schilde, auf welches er sich stützt, zwei Schwerter in der Form eines Andreaskreuzes dargestellt.

Fragt man schliesslich, was zu der Annahme von zwei Schwertern Veranlassung gegeben, so ist letztere mit grosser Wahrscheinlichkeit in dem „zweert cruys" der Hochmeisterchronik zu suchen, welches für ein aus Schwertern gebildetes Kreuz genommen worden ist.

E. Kreuz.

Nyenstedt kennt — wie ursprünglich Brandis (B, 6) — als Insignie nur ein rothes Kreuz. — Ueber „zwei rothe Kreuze" bei Helyot s. oben Cl. D, 4.

F. Kreuz und Stern.

Eucaedius dichtet:

„— — — lectosque ex ordine fratres
Ensifero, niveis incedunt vestibus omnes
Et cruce signatis rubea, stellaque corusca."

G. Deutsche Ordenstracht der Schwertträger.

Die oben im Schriftenverzeichniss unter No. 15 aufgeführte „Origo etc." berichtet: „Plurimi sacrae se devoverunt militiae, suscepto habitu Theutonicorum fratrum (schwarzes Kreuz auf dem weissen Mantel), ensiferos se nuncupaverunt." Sollte Cröger (s. oben ₐCl. A, 2, a, δ) dieser Quelle gefolgt sein?

Inhalts - Verzeichniss.

Excurse.